Ejercicios Espirituales

Según el método de San Ignacio de Loyola

Voz Católica
Ediciones

Prólogo

Querido lector: quizás no haya un elogio más grande hecho al libro que tienes en tus manos, que el de su propio autor, San Ignacio de Loyola, quien decía que los Ejercicios Espirituales son «todo lo mejor que yo en esta vida puedo pensar, sentir y entender, así para el hombre poderse aprovechar a sí mismo como para poder fructificar, ayudar y aprovechar a otros muchos»[1].

Por tanto, si quieres avanzar en tu vida espiritual –con toda la paz y alegría que eso trae consigo– y ayudar a otros a lograr lo mismo, tienes ante ti la mejor herramienta que haya salido de manos de los hombres. Y no sólo lo dice su autor –quien lo afirma con la convicción de que su obra es más de Dios que suya– sino también la misma Iglesia, que ha hecho referencia a los Ejercicios en su magisterio más de 700 veces en estos cinco siglos. Corroboran esto también muchísimos santos y miles de testimonios de personas de a pie, como tú, para quienes los Ejercicios fueron «un ante y un después» en su vida.

Pero no todo es tan sencillo como parece… porque este «admirable libro de los Ejercicios, pequeño ciertamente en volumen, pero repleto de celestial sabiduría»[2] no está escrito para ser simplemente leído.

Este libro es la propia experiencia de conversión y santificación de San Ignacio puesta por escrito, y su intención no es simplemente que leas sino que hagas los Ejercicios y experimentes en tu vida lo que él mismo vivió. Y para hacerlos necesitarás, sí o sí, una persona que te guíe, que sepa «dar los Ejercicios». Incluso es sobre todo para esa persona, el Director, para quien especialmente San Ignacio escribió este cuaderno de notas.

Para mayor claridad: San Ignacio, el autodidacta de la vida espiritual, ha compuesto un método esencialmente antiautodidáctico. Tras las experiencias de Manresa, todo ejercitante deberá someterse a un pedagogo que le «dé» los Ejercicios.

1- Cartas de San Ignacio, I, 112.
2- Pío XI, Mens nostra, 22.

San Ignacio de Loyola

Si cuentas con alguien que conozca los Ejercicios, siendo fiel a san Ignacio, y puede ayudarte, entonces dirígete a él y pídele su guía. De lo contrario, puedes aprovechar las facilidades que nos dan las nuevas tecnologías y dirigirte a nuestra página web[3] donde hace ya casi dos décadas los ofrecemos de manera virtual con muchísimo fruto y por supuesto de manera gratuita. Allí mismo también podrás encontrar las distintas tandas que ofrecemos de manera presencial en todo el mundo.

María Santísima ayudó especialmente al Santo de Loyola a realizar esta divina empresa; sea Ella también tu guía y protectora en el camino que estás por comenzar y del cual, te aseguro, no te arrepentirás.

P. Gustavo Lombardo, IVE

info@ejerciciosespirituales.org

3- www.ejerciciosespirituales.org

Anotaciones[1]

[1] Annotaciones para tomar alguna inteligencia en los exercicios spirituales que se siguen, y para ayudarse, asi el que los ha de dar, como el que los ha de rescibir.

1.ª anotación. La primera annotación es que, por este nombre, exercicios spirituales, se entiende todo modo de examinar la consciencia, de meditar, de contemplar, de orar vocal y mental, y de otras spirituales operaciones, según que adelante se dirá. Porque así como el pasear, caminar y correr son exercicios corporales, por la mesma manera todo modo de preparar y disponer el ánima, para quitar de sí todas las afecciones desordenadas, y después de quitadas para buscar y hallar la voluntad divina en la disposición de su vida para la salud del ánima, se llaman exercicios spirituales.

[2] **2.ª** La segunda es que la persona que da a otro modo y orden para meditar o contemplar, debe, narrar fielmente la historia de la tal comtemplación o meditación, discurriendo solamente por los punctos con breve o sumaria declaración; porque la persona que contempla, tomando el fundamento verdadero de la historia y discurriendo y raciocinando por sí mismo y hallando alguna cosa que haga un poco más declarar o sentir la historia, quier por la raciocinación propia, quier sea en quanto el entendimiento es ilucidado por la virtud divina, es de más gusto y fructo spiritual que si el que da los exercicios hubiese mucho declarado y ampliado el sentido de la historia; porque no el mucho saber harta y satisface al ánima, mas el sentir y gustar de las cosas internamente.

[3] **3.ª** La tercera: como en todos los exercicios siguientes spirituales usamos de los actos del entendimiento discurriendo y de los de la voluntad affectando; advertamos[2] que en los actos de la voluntad, quando hablamos vocalmente o mentalmente con Dios nuestro Señor o con sus santos, se requiere de nuestra parte mayor reverencia que quando usamos del entendimiento entendiendo.

1- El presente libro está escrito en español antiguo
2- advirtamos.

5

[4] **4.ª** La quarta: dado que para los exercicios siguientes se toman quatro semanas, por corresponder a quatro partes en que se dividen los exercicios; es a saber, a la primera, que es la consideración y contemplación de los pecados; la 2.ª es la vida de Christo nuestro Señor hasta el día de ramos inclusive; la 3.ª, la pasión de Christo nuestro Señor; la 4.ª, la resurrección y ascensión, poniendo tres modos de orar; tamen[3] no se entienda que cada semana tenga de necesidad siete o ocho días en sí. Porque como acaesce que en la primera semana unos son más tardos para hallar lo que buscan, es a saber, contrición, dolor, lágrimas por sus pecados; asimismo como unos sean más diligentes que otros, y más agitados o probados de diversos spíritus, requiérese algunas veces acortar la semana, y otras veces alargarla, y así en todas las otras semanas siguientes, buscando las cosas según la materia subiecta; pero poco más o menos se acabarán en treinta días.

[5] **5.ª** La quinta: al que rescibe los exercicios, mucho aprovecha entrar en ellos con grande ánimo y liberalidad con su Criador y Señor, ofreciéndole todo su querer y libertad, para que su divina majestad, así de su persona como de todo lo que tiene, se sirva conforme a su sanctísima voluntad.

[6] **6.ª** La sexta: el que da los exercicios, quando siente que al que se exercita no le vienen algunas mociones spirituales en su ánima, assí como consolaciones o dessolaciones, ni es agitado de varios spíritus, mucho le debe interrogar cerca[4] los exercicios, si los hace, a sus tiempos destinados[5], y cómo; asimismo de las addiciones, si con diligencia las hace, pidiendo particularmente[6] de cada cosa destas. Habla[7] de consolación y desolación, n. 316 y 317, de addiciones, n. 73-90.

[7] **7.ª** La séptima: el que da los exercicios, si vee al que los rescibe, que está desolado y tentado, no se haya con él duro ni desabrido, mas blando y suave, dándole ánimo y fuerzas para adelante, y descubriéndole las astucias del enemigo de natura humana, y haciéndole preparar y disponer para la consolación ventura[8].

3- con todo esto.
4- acerca de.
5- señalados, con puntualidad.
6- pidiendo cuenta en particular.
7- háblase.
8- venidera, próxima.

[8] **8.ª** La octava: el que da los exercicios, según la necesidad que sintiere en el que los rescibe, cerca⁹ de las dessolaciones y astucias del enemigo, y así de¹⁰ las consolaciones; podrá platicarle las reglas de la 1.ª y 2.ª semana, que son para conoscer varios spíritus, n. 313(=316)-324.328-336.

[9] **9.ª** La nona es de advertir, quando el que se exercita anda en los exercicios de la primera semana, si es persona que en cosas spirituales no haya sido versado¹¹, y si es tentado grosera y abiertamente, así como mostrando¹² impedimentos para ir adelante en servicio de Dios nuestro Señor, como son trabajos, vergüenza y temor por la honra del mundo, etc.; el que da los exercicios, no le platique las reglas de varios spíritus de la 2.ª semana; porque quanto le aprovecharán las de la 1.ª semana, le dañarán las de la 2ª, por ser materia más subtil y más subida que¹³ podrá entender.

[10] **10.ª** La décima: quando el que da los exercicios siente al que los rescibe, que es batido y tentado debaxo de especie de bien, entonces es propio de platicarle sobre las reglas de la 2.ª semana ya dicha. Porque comúnmente el enemigo de natura humana tienta más debaxo de especie de bien, quando la persona se exercita en la vida illuminativa, que corresponde a los exercicios de la 2.ª semana, y no tanto en la vida purgativa, que corresponde a los exercicios de la 1.ª semana.

[11] **11.ª** La undécima: al que toma exercicios en la 1.ª semana, aprovecha que no sepa cosa alguna de lo que ha de hacer en la 2.ª semana; mas que ansí trabaje en la 1.ª, para alcanzar la cosa que busca, como si en la 2.ª ninguna buena sperase hallar.

[12] **12.ª** La duodécima: el que da los exercicios, al que los rescibe ha de advertir mucho, que como en cada uno de los cinco exercicios o contemplaciones que se harán cada día, ha de estar por una hora, así procure siempre que el ánimo quede harto en pensar que a estado una entera hora en el exercicio, y antes más que menos. Porque el enemigo no poco suele procurar de hacer acortar la hora de la tal contemplación, meditación o oración.

9- acerca de.
10- también acerca de.
11- ejercitado.
12- poniendo, proponiendo.
13- de lo que.

[13] **13.ª** La terdécima: asimismo es de advertir que, como en el tiempo de la consolación es fácil y leve estar en la contemplación la hora entera, assí en el tiempo de la dessolación es muy difícil complirla[14]; por tanto, la persona que se exercita, por hacer contra la desolación y vencer las tentaciones, debe siempre estar alguna cosa más de la hora complida[15]; porque no sólo se avece a resistir al adversario, mas aún a derrocalle[16].

[14] **14.ª** La quatuordécima: el que los da, si vee al que los rescibe que anda consolado y con mucho hervor, debe prevenir[17] que no haga promessa ni voto alguno inconsiderado y precipitado; y quanto más le conosciere de ligera condición[18], tanto más le debe prevenir y admonir[19]. Porque, dado que justamente puede mover uno a otro a tomar religión, en la qual se entiende hacer voto de obediencia, pobreza y castidad; y dado que la buena obra que se hace con voto es más meritoria que la que se hace sin él, mucho debe de mirar[20] la propia condición y subiecto[21], y quánta ayuda o estorbo podrá hallar en cumplir la cosa que quisiese prometer.

[15] **15.ª** La decimaquinta: el que da los exercicios, no debe mover al que los rescibe más a pobreza ni a promesas[22] que a sus contrarios, ni a un estado o modo de vivir que a otro. Porque, dado que fuera de los exercicios lícita y meritoriamente podamos mover a todas personas, que probabiliter[23] tengan subiecto[24], para elegir continencia, virginidad, religión y toda manera de perfección evangélica, tamen[25] en los tales exercicios spirituales más conveniente y mucho mejor es, buscando la divina voluntad, que el mismo Criador y Señor se comunique a la su ánima devota abrazándola en su amor y alabanza y disponiéndola por la vía que mejor podrá servirle adelante. De manera que el que los da

---

14- complirla.
15- cumplida.
16- derrocarle.
17- precaver.
18- de carácter ligero.
19- prevenir y amonestar.
20- se debe mirar.
21- el carácter y las fuerzas y disposición de la persona.
22- o voto.
23- probablemente.
24- capacidad.
25- sin embargo.

no se decante ni se incline[26] a la una parte ni a la otra; mas estando en medio como un peso, dexe inmediate[27] obrar al Criador con la criatura, y a la criatura con su Criador y Señor.

[16] **16.ª** La decimasexta: para lo cual, es a saber, para que el Criador y Señor obre más ciertamente en la su criatura, si por ventura la tal ánima está affectada y inclinada a una cosa desordenadamente, muy conveniente es moverse, poniendo todas sus fuerzas, para venir al contrario de lo que está mal affectada; así como si está affectada para buscar y haber un officio o beneficio, no por el honor y gloria de Dios nuestro Señor ni por la salud espiritual de las ánimas, mas por sus propios provechos y intereses temporales, debe affectarse al contrario, instando en oraciones y otros exercicios espirituales, y pidiendo a Dios nuestro Señor el contrario, es a saber, que ni quiere el tal officio o beneficio ni otra cosa alguna, si su divina majestad, ordenando sus deseos, no le mudare su affección primera. De manera que la causa de desear o tener una cosa o otra, sea sólo servicio, honra y gloria de la su divina majestad.

[17] **17.ª** La décimaséptima: mucho aprovecha[28], el que da los exercicios, no queriendo pedir ni saber los propios pensamientos ni pecados del que los rescibe, ser[29] informado fielmente de las varias agitaciones y pensamientos que los varios spíritus le traen; porque según el mayor o menor provecho le puede dar algunos spirituales exercicios convenientes y conformes a la necessidad de la tal ánima así agitada.

[18] **18.ª** La décimaoctava: según la disposición de las personas que quieren tomar exercicios spirituales, es a saber, según que tienen edad, letras o ingenio, se han de aplicar los tales exercicios; porque no se den a quien es rudo o de poca complisión[30] cosas que no pueda descansadamente llevar y aprovecharse con ellas. Assimismo, según que[31] se quisieren disponer, se debe de dar a cada uno, porque más se pueda ayudar y aprovechar. Por tanto, al que se quiere ayudar para se instruir y para llegar hasta cierto grado de contentar a su ánima, se puede dar el examen particular, n. 24, y después el examen general,

---

26- tome partido ni propenda.
27- sin intermediario.
28- que.
29- sea.
30- corto de ingenio y débil de complisión.
31- conforme.

n. 32; juntamente por media hora a la mañana el modo de orar sobre los mandamientos, peccados mortales, etc., n. 238, comendándole[32] también la confesión de sus peccados de ocho días, y si puede tomar el sacramento, de quince en quince, y si se afecta mejor, de ocho en ocho. Esta manera es más propria para personas más rudas o sin letras, declarándoles cada mandamiento, y así de los peccados mortales, preceptos de la Iglesia, cinco sentidos y obras de misericordia. Ansímesmo, si el que da los exercicios viere al que los recibe ser de poco subiecto[33] o de poca capacidad natural, de quien no se espera mucho fructo, más conveniente es darle algunos destos exercicios leves hasta que se confiese de sus peccados, y después dándole algunos exámines[34] de conciencia, y orden de confesar más a menudo que solía, para se conservar en lo que ha ganado, no proceder adelante en materias de elección, ni en otros algunos exercicios, que están fuera de la primera semana; mayormente quando en otros se puede hacer mayor provecho, faltando tiempo para todo.

[19] **19.ª** La diecinueve: al que estuviere embarazado en cosas públicas o negocios convenientes, quier[35] letrado, o ingenioso, tomando una hora y media para se exercitar, platicándole para qué es el hombre criado, se le puede dar asimismo por spacio de media hora el examen particular, y después el mismo general, y modo de confesar y tomar el sacramento, haciendo tres días cada mañana, por spacio de una hora, la meditación del 1.º, 2.º y 3.º peccado, n. 45; después otros tres días a la misma hora la meditación del processo de los peccados, n. 55; después por otros tres días a la misma hora hagan[36] de las penas que corresponden a los peccados, n. 65, dándole en todas tres meditaciones las diez addiciones, n. 73, llevando el mismo discurso por los misterios de Christo nuestro Señor, que adelante y a la larga en los mismos Exercicios se declara.

[20] **20.ª** La vigéssima: al que es más desembarazado y que en todo lo possible desea aprovechar, dénsele todos los exercicios spirituales por la misma orden que proceden, en los quales por vía ordenada tanto más se aprovechará quanto más se apartare de todos amigos y conoscidos y de toda solicitud terrena; assí como mudándose de la casa donde

32- y se le puede encomendar.
33- débil de complexión.
34- exámenes.
35- si es.
36- medite.

moraba y tomando otra casa o cámera[37] para habitar en ella, quanto más secretamente pudiere; de manera que en su mano sea[38] ir cada día a missa y a vísperas, sin temor que sus conoscidos le hagan impedimento. Del qual apartamiento se siguen tres provechos principales, entre otros muchos: el primero es que en apartarse hombre[39] de muchos amigos y conoscidos, y asimismo de muchos negocios no bien ordenados, por servir y alabar a Dios nuestro Señor, no poco meresce delante su divina majestad; el segundo, estando ansí apartado, no teniendo el entendimiento partido en muchas cosas, mas poniendo todo el cuidado en sola una, es a saber, en servir a su Criador, y aprovechar a su propia ánima, usa de sus potencias naturales más libremente, para buscar con diligencia lo que tanto desea; el tercero, quanto más nuestra ánima se halla sola y apartada, se hace más apta para se acercar y llegar a su Criador y Señor, y quanto más así se allega, más se dispone para rescibir gracias y dones de la su divina y summa bondad.

[21] EXERCICIOS ESPIRITUALES PARA VENCER A SI MISMO Y ORDENAR SU VIDA SIN DETERMINARSE POR AFFECCION ALGUNA QUE DESORDENADA SEA.

[Presupuesto]

[22] Para que así el que da los exercicios spirituales como el que los rescibe, más se ayuden y se aprovechen, se ha de presuponer que todo buen christiano ha de ser más prompto a salvar la proposición del próximo que a condenarla; y si no la puede salvar, inquira cómo la entiende, y si mal la entiende, corríjale con amor, y si no basta, busque todos los medios convenientes para que, bien entendiéndola, se salve.

37- cámara.
38- esté.
39- apartándose uno.

"...(los ejercicios espirituales) son todo lo que mejor que yo en esta vida puedo pensar, sentir y entender, así para el hombre poderse aprovechar a sí mismo como para poder fructificar, ayudar y aprovechar a otros muchos..."

San Ignacio de Loyola

PRIMERA SEMANA

[23] Principio y fundamento.

El hombre es criado para alabar, hacer reverencia y servir a Dios nuestro Señor, y mediante esto salvar su ánima; y las otras cosas sobre la haz de la tierra son criadas para el hombre y para que le ayuden en la prosecución del fin para que es criado. De donde se sigue que el hombre tanto ha de usar dellas, quanto le ayudan para su fin, y tanto debe quitarse dellas, quanto para ello le impiden. Por lo qual es menester hacernos indiferentes a todas las cosas criadas, en todo lo que es concedido a la libertad de nuestro libre albedrío y no le está prohibido; en tal manera que no queramos de nuestra parte más salud que enfermedad, riqueza que pobreza, honor que deshonor, vida larga que corta, y por consiguiente en todo lo demás; solamente deseando y eligiendo lo que más nos conduce para el fin que somos criados.

[24] Examen particular y cotidiano; contiene en si tres tiempos y dos veces examinarse.

El primer tiempo es que a la mañana luego en levantándose debe el hombre proponer de guardarse con diligencia de aquel pecado particular o defecto que se quiere corregir y enmendar.

[25] El segundo, después de comer, pedir a Dios nuestro Señor lo que[40] hombre quiere, es a saber, gracia para acordarse quántas veces a caído en aquel pecado particular o defecto y para se enmendar adelante, y consequenter[41] haga el primer examen demandando cuenta a su ánima de aquella cosa propósita[42] y particular de la qual se quiere corregir y enmendar, discurriendo de hora en hora o de tiempo en tiempo, comenzando desde la hora que se levantó hasta la hora y puncto del examen presente; y haga en la primera línea de la g = tantos punctos quantos ha incurrido en aquel pecado particular o defecto; y después proponga de nuevo de enmendarse hasta el segundo examen que hará.

40- el.
41- a continuación.
42- propuesta.

[26] El tercero tiempo, después de cenar se hará el 2.º examen asimismo de hora en hora, comenzando desde el primer examen hasta el 2.º presente, y haga en la 2.ª línea de la misma g = tantos punctos quantas veces ha incurrido en aquel particular pecado o defecto.

[27] Siguense cuatro addiciones para más presto quitar aquel pecado o defecto particular.

1.ª addición. La primera adición es que cada vez que el hombre cae en aquel pecado o defecto particular, ponga la mano en el pecho, doliéndole de haber caído; lo que se puede hacer aun delante muchos, sin que sientan lo que hace.

[28] **2.ª** La 2.ª como la primera línea de la g = significa el primer examen, y la 2.ª línea el 2.º examen, mire a la noche si hay enmienda de la primera línea a la 2.ª, es a saber, del primer examen al 2.º.

[29] **3.ª** La 3.ª: conferir el segundo día con el primero, es a saber, los dos exámines[43] del día presente con los otros dos exámines del día passado y mirar si de un día para otro se ha enmendado.

[30] **4.ª** La 4.ª addición: conferir una semana con otra, y mirar si se ha enmendado en la semana presente de la primera passada.

[31] **Nota**. Es de notar que la primera g = grande que se sigue significa el domingo; la secunda, más pequeña, el lunes; la tercera, el martes, y ansí consequenter[44].

G _____

g _____

g _____

g _____

g _____

g _____

g _____

[32] Examen general de consciencia para limpiarse y para mejor se confessar.

43- exámenes.

44- siguiendo, sucesivamente, consecutivamente.

Presupongo ser tres pensamientos en mí, es a saber, uno proprio mío, el qual sale de mi mera libertad y querer, y otros dos que vienen de fuera, el uno que viene del buen espíritu y el otro del malo.

[33] Del pensamiento.

1.ª Hay dos maneras de merescer en el mal pensamiento que viene de fuera: verbigracia, viene un pensamiento de cometer un pecado mortal, al qual pensamiento resisto impromptu[45] y queda vencido.

[34] **2.ª** La segunda manera de merescer es quando me viene aquel mismo mal pensamiento y yo le resisto, y tórname a venir otra y otra vez, y yo siempre resisto, hasta que el pensamiento va vencido; y esta segunda manera es de más merescer que la primera.

[35] Venialmente se peca quando el mismo pensamiento de pecar mortalmente viene, y el hombre le da oído haciendo alguna mórula[46] o rescibiendo alguna delectación sensual, o donde haya alguna negligencia en lanzar al tal pensamiento.

[36] **1.ª** Hay dos maneras de pecar mortalmente: la primera, es quando el hombre da consentimiento al mal pensamiento, para obrar luego así como ha consentido, o para poner en obra si pudiese.

[37] **2.ª** La segunda manera de pecar mortalmente es quando se pone en acto aquel pecado, y es mayor por tres razones: la primera, por mayor tiempo; la segunda, por mayor intensión; la tercera por mayor daño de las dos personas.

[38] De la palabra.

No jurar ni por Criador ni por criatura, si no fuere con verdad, necessidad y reverencia; necesidad entiendo, no quando se affirma con juramento cualquiera verdad, mas quando es de algún momento cerca el[47] provecho del ánima o del cuerpo o de bienes temporales. Entiendo reverencia, quando en el nombrar de su Criador y Señor, considerando acata aquel honor y reverencia debida.

[39] Es de advertir que, dado que en el vano juramento peccamos más jurando por el Criador que por la criatura, es más difícil jurar debidamente con verdad, necessidad y reverencia por la criatura que por el Criador, por las razones siguientes:

45- prontamente, sin deteneme a considerar lo que propone.
46- deteniéndose algo por curiosidad en oír la propuesta.
47- acerca del.

1.ª razón. La primera: quando nosotros queremos jurar por alguna criatura, en aquel querer nombrar la criatura no nos hace ser tan atentos ni advertidos para decir la verdad o para afirmarla con necesidad, como en el querer nombrar al Señor y Criador de todas las cosas.

2.ª La segunda es que en el jurar por la criatura no tan fácil es de hacer reverencia y acatamiento al Criador como jurando y nombrando el mismo Criador y Señor; porque el querer nombrar a Dios nuestro Señor trae consigo más acatamiento y reverencia que el querer nombrar la cosa criada; por tanto, es más concedido a los perfectos jurar por la criatura que a los imperfectos; porque los perfectos, por la assidua contemplación y iluminación del entendimiento consideran, meditan y contemplan más ser[48] Dios nuestro Señor en cada criatura según su propia essencia, presencia y potencia; y así en[49] jurar por criatura son más aptos y dispuestos para hacer acatamiento y reverencia a su Criador y Señor que los imperfectos.

3.ª La tercera es que en el assiduo jurar por la criatura se ha de temer más la idolatría en los imperfectos que en los perfectos.

[40] No decir palabra ociosa, la qual entiendo quando ni a mí ni a otro aprovecha, ni a tal intención se ordena. De suerte que en hablar para todo lo que es provecho, o es intención de aprovechar al ánima propia o agena, al cuerpo o a bienes temporales, nunca es ocioso; ni por[50] hablar alguno en[51] cosas que son[52] fuera de su estado, así como si un religioso habla de guerras o mercancías. Mas en todo lo que está dicho hay mérito en bien ordenar, y peccado en el mal enderezar o en vanamente hablar.

[41] No decir cosa de infamar o murmurar; porque si descubro peccado mortal que no sea público, peco mortalmente; si venial, venialmente; y si defecto, muestro defecto proprio; y siendo la intención sana[53], de dos maneras se puede hablar del pecado o falta de otro.

1.ª manera. La primera: quando el pecado es público, así como de una meretriz pública, y de una sentencia dada en juicio o de un público error que inficiona las ánimas que conversa[54].

48- que está.
49- al.
50- el.
51- de.
52- están.
53- recta.
54- trata.

2.ª Segundo: quando el pecado cubierto se descubre a alguna persona para que ayude al que está en pecado a levantarle, teniendo tamen[55] algunas coniecturas[56] o razones probables que le podrá ayudar.

[42] De la obra.

Tomando por obiecto[57] los diez mandamientos y los preceptos de la Iglesia y comendaciones de los superiores, todo lo que se pone en obra contra alguna destas tres partes, según mayor o menor calidad[58], es mayor o menor pecado. Entiendo comendaciones de superiores, así como[59] bulas de cruzadas y otras indulgencias, como por paces, confessando y tomando el sanctíssimo sacramento; porque no poco se peca entonces, en ser causa o en hacer contra tan pías exortaciones y comendaciones de nuestros mayores.

[43] Modo de hacer el examen general, y contiene en sí cinco punctos.

1.º puncto. El primer puncto es dar gracias a Dios nuestro Señor por los beneficios rescibidos.

2.º El 2.º: pedir gracia para conoscer los pecados, y lanzallos[60].

3.º El 3.º: demandar cuenta al ánima desde la hora que se levantó hasta el examen presente de hora en hora, o de tiempo en tiempo; y primero del pensamiento, y después de la palabra, y después de la obra, por la misma orden que se dixo en el examen particular.

4.º El 4.º: pedir perdón a Dios nuestro Señor de las faltas.

5.º El quinto: proponer enmienda con su gracia. Pater noster.

[44] Confession general con la comunión.

En la general confessión, para quien voluntarie[61] la quisiere hacer, entre otros muchos, se hallarán tres provechos para aquí.

1.º El primero: dado que quien cada un año se confiesa, no sea obligado de[62] hacer confessión general, haciéndola hay mayor provecho

---

55- con todo.
56- conjeturas.
57- tema.
58- importancia.
59- verbigracia.
60- lanzarlos o quitarlos de la conciencia y de la conducta.
61- voluntariamente.
62- esté obligado a.

y mérito, por el mayor dolor actual de todos pecados y malicias de toda su vida.

2.º El segundo: como en los tales exercicios spirituales se conoscen más interiormente los pecados y la malicia dellos que en el tiempo que el hombre no se daba ansí a las cosas internas, alcanzando agora más conoscimiento y dolor dellos, habrá[63] mayor provecho y mérito que antes hubiera[64].

3.º El 3.º es consequenter[65] que, estando más bien confessado y dispuesto, se halla más apto y más aparejado para rescibir el sanctíssimo sacramento, cuya recepción no solamente ayuda para que no caya[66] en peccado, mas aún para conservar en augmento de gracia; la qual confessión general se hará mejor inmediate[67] después de los exercicios de la primera semana.

[45] Primer exercicio es meditación con las tres potencias sobre el 1.º, 2.º y 3.º pecado; contiene en sí, después de una oración preparatoria y dos preámbulos, tres puntos principales y un coloquio.

[46] **Oración**. La oración preparatoria es pedir gracia a Dios nuestro Señor para que todas mis intenciones, acciones y operaciones sean puramente ordenadas en servicio y alabanza de su divina majestad.

[47] **1.º preámbulo.** El primer preámbulo es composición viendo el lugar. Aquí es de notar que en la contemplación o meditación visible, así como contemplar a Christo nuestro Señor, el qual es visible, la composición será ver con la vista de la imaginación el lugar corpóreo donde se halla la cosa que quiero contemplar. Digo el lugar corpóreo, así como un templo o monte, donde se halla Jesu Christo o nuestra Señora, según lo que quiero contemplar. En la invisible, como es aquí de los pecados, la composición será ver con la vista imaginativa y considerar mi ánima ser encarcerada[68] en este cuerpo corruptible y todo el compósito[69] en este valle, como desterrado entre brutos animales; digo todo el compósito de ánima y cuerpo.

63- tendrá.
64- tuviera.
65- finalmente.
66- caiga.
67- inmediatamente.
68- que mi alma está encarcelada.
69- compuesto.

Ejercicios Espirituales

[48] **2.º preámbulo**. El segundo es demandar[70] a Dios nuestro Señor lo que quiero y deseo. La demanda ha de ser según subiecta materia[71], es a saber, si la contemplación es de resurrección, demandar gozo con Christo gozoso; si es de passión, demandar pena, lágrimas y tormento con Christo atormentado. Aquí será demandar vergüenza y confussión de mí mismo, viendo quántos han sido dañados[72] por un solo pecado mortal y quántas veces yo merescía ser condenado para siempre por mis tantos peccados.

[49] **Nota.** Ante todas[73] contemplaciones o meditaciones, se deben hacer siempre la oración preparatoria sin mudarse y los dos preámbulos ya dichos, algunas veces mudándose, según subiecta materia.

[50] **1.º puncto**. El primer puncto será traer[74] la memoria sobre el primer pecado, que fue de los ángeles, y luego sobre el mismo el entendimiento discurriendo[75], luego la voluntad, queriendo todo esto memorar y entender por más me envergonzar y confundir, trayendo en comparación de un pecado de los ángeles tantos pecados míos; y donde[76] ellos por un pecado fueron al infierno[77], quántas veces yo le he merescido por tantos. Digo traer en memoria el pecado[78] de los ángeles: cómo siendo ellos criados en gracia, no se queriendo ayudar con su libertad para hacer reverencia y obediencia a su Criador y Señor, viniendo en superbia[79], fueron convertidos de gracia en malicia, y lanzados del cielo al infierno; y así consequenter discurrir más en particular con el entendimiento, y consequenter moviendo más los afectos con la voluntad.

[51] **2.º puncto**. El segundo: hacer otro tanto, es a saber, traer las tres potencias sobre el pecado de Adán y Eva, trayendo a la memoria cómo por el tal pecado hicieron tanto tiempo penitencia, y quánta corrupción vino en el género humano, andando tantas gentes para el infierno. Digo traer a la memoria el 2.º pecado de nuestros padres; cómo después que Adán fue criado en el campo damaceno y puesto en el paraíso terrenal

---

70- pedir.
71- la cosa que se busca en cada semana con sus temas propios de ejercicio.
72- condenados.
73- las.
74- ejercitar.
75- entendiéndolo.
76- siendo así que.
77- deduciré.
78- hacer memoria del pecado.
79- dando en soberbia.

y Eva ser criada de su costilla, siendo vedados que no comiesen del árbol de la sciencia y ellos comiendo y asimismo pecando, y después vestidos de túnicas pellíceas[80], y lanzados del paraíso, vivieron sin la justicia original, que habían perdido, toda su vida en muchos trabajos y mucha penitencia, y consequenter discurrir con el entendimiento más particularmente, usando de la voluntad como está dicho.

[52] **3.º puncto**. El tercero: asimismo hacer otro tanto sobre el tercero pecado particular de cada uno que por un pecado mortal es ido al infierno, y otros muchos sin cuento por menos pecados que yo he hecho. Digo hacer otro tanto sobre el 3.º pecado particular, trayendo a la memoria la gravedad y malicia del pecado contra su Criador y Señor, discurrir con el entendimiento, cómo en el pecar y hacer contra la bondad infinita justamente ha sido condenado para siempre, y acabar con la voluntad como está dicho.

[53] **Coloquio**. Imaginando a Christo nuestro Señor delante y puesto en cruz, hacer un coloquio[81], cómo de Criador es[82] venido a hacerse hombre, y de vida eterna a muerte temporal, y así[83] a morir por mis pecados. Otro [84]tanto mirando a mí mismo[85] lo que he hecho por Christo, lo que hago por Christo, lo que debo hacer por Christo, y así viéndole tal, y así colgado en la cruz, discurrir por lo que se offresciere.

[54] El coloquio se hace propriamente hablando, así como un amigo habla a otro o un siervo a su Señor, quándo pidiendo alguna gracia, quándo culpándose por algún mal hecho, quándo comunicando sus cosas y queriendo consejo en ellas; y decir un Pater noster.

[55] Segundo exercicio es meditación de los pecados, y contiene en sí, después de la oración preparatoria y dos preámbulos, cinco punctos y un coloquio.

Oración. oración preparatoria sea la misma.

1.º preámbulo. El primer preámbulo será la misma composición.

80- de pieles.
81- considerando y ponderando.
82- ha.
83- ha venido.
84- Hacer otro.
85- considerando.

2.º preámbulo. El segundo es demandar lo que quiero; será aquí pedir crescido y intenso dolor y lágrimas de mis pecados.

[56] **1.º puncto**. El primer puncto es el processo de los pecados; a saber: traer a la memoria todos los pecados de la vida, mirando de año en año o de tiempo en tiempo; para lo qual aprovechan tres cosas: la primera, mirar el lugar y la casa adonde he habitado; la segunda, la conversación que he tenido con otros; la tercera, el officio en que he vivido.

[57] **2.º puncto**. El segundo: ponderar los pecados mirando la fealdad y la malicia que cada pecado mortal cometido tiene en sí, dado que no fuese vedado.

[58] **3.º puncto**. El tercero: mirar quién soy yo diminuyéndome[86] por exemplos: 1.º, quánto soy yo en comparación de todos los hombres; 2.º, qué cosa son los hombres en comparación de todos los ángeles y sanctos del paraíso; 3.º, mirar qué cosa es todo lo criado en comparación de Dios: pues yo solo ¿qué puedo ser?; 4.º, mirar toda mi corrupción y fealdad corpórea; 5.º, mirarme como una llaga y postema[87] de donde han salido tantos pecados y tantas maldades y ponzoña tan turpíssima[88].

[59] **4.º puncto**. El quarto: considerar quién es Dios, contra quien he pecado, según sus atributos, comparándolos a sus contrarios en mí: su sapiencia a mi inorancia, su omnipotencia a mi flaqueza, su justicia a mi iniquidad, su bondad a mi malicia.

[60] **5.º puncto**. El quinto: esclamación admirative con crescido afecto, discurriendo por todas las criaturas, cómo me han dexado en vida y conservado en ella; los ángeles como sean cuchillo de la justicia divina, cómo me han suffrido y guardado y rogado por mí; los santos cómo han sido en interceder y rogar por mí, y los cielos, sol, luna, estrellas y elementos, fructos, aves, peces y animales; y la tierra cómo no se a abierto para sorberme, criando nuevos infiernos para siempre penar en ellos.

[61] **Coloquio**. Acabar con un coloquio de misericordia, razonando y dando gracias a Dios nuestro Señor, porque me ha dado vida hasta agora, proponiendo enmienda con su gracia para adelante. Pater noster.

86- disminuyéndome.
87- llaga supurante.
88- pus tan asquerosísimo.

[62] Tercero exercicio es repetición del 1.º y 2.º exercicio haciendo tres coloquios.

Después de la oración preparatoria y dos preámbulos, será repetir el primero y segundo exercicio, notando y haciendo pausa en los punctos que [89]he sentido mayor consolación o desolación o mayor sentimiento spiritual, después de lo cual haré tres coloquios de la manera que se sigue.

[63] **1.º coloquio**. El primer coloquio de Nuestra Señora, para que me alcance gracia de su Hijo y Señor para tres cosas: la 1.ª, para que sienta interno conoscimiento de mis pecados y aborrescimiento dellos; la 2.ª, para que sienta el desorden de mis operaciones, para que, aborresciendo, me enmiende y me ordene; la 3.ª, pedir conoscimiento del mundo, para que aborresciendo aparte de mí las cosas mundanas y vanas, y con esto[90] un Avemaría.

2.º coloquio. El segundo[91], otro tanto al Hijo, para que me[92] alcance del Padre, y con esto el Anima Christi.

3.º coloquio. El tercero, otro tanto al Padre, para que el mismo Señor eterno me lo conceda, y con esto un Pater noster.

[64] Cuarto exercicio es resumiendo[93] este mismo tercero.

Dixe resumiendo, porque el entendimiento sin divagar discurra assiduamente por la reminiscencia[94] de las cosas contempladas en los exercicios passados, y haciendo los mismos tres coloquios.

[65] Quinto exercicio es meditación del infierno; contiene en sí, después de la oración preparatoria y dos preámbulos, cinco punctos y un coloquio.

Oración. La oración preparatoria sea la sólita.

1.º preámbulo. El primer preámbulo composición, que es aquí ver con la vista de la imaginación la longura, anchura y profundidad del infierno.

89- en que.
90- a continuación decir.
91- pedir.
92- lo.
93- resumir.
94- recorra o repase assiduamente los recuerdos.

2.º preámbulo. El segundo, demandar lo que quiero: será aquí pedir interno sentimiento de la pena que padescen los dañados, para que si del amor del Señor eterno me olvidare por mis faltas, a los menos el temor de las penas me ayude para no venir[95] en pecado.

[66] **1.º puncto.** El primer puncto será ver con la vista de la imaginación los grandes fuegos, y las ánimas como en cuerpos ígneos.

[67] **2.º** El 2.º: oír con las orejas llantos, alaridos, voces, blasfemias contra Christo nuestro Señor y contra todos sus santos.

[68] **3.º** El 3.º: oler con el olfato humo, piedra azufre[96], sentina[97] y cosas pútridas.

[69] **4.º** El 4.º: gustar con el gusto cosas amargas, así como lágrimas, tristeza y el verme[98] de la consciencia.

[70] **5.º** El 5.º: tocar con el tacto, es a saber, cómo los fuegos tocan y abrasan las ánimas.

[71] **Coloquio**. Haciendo un coloquio a Christo nuestro Señor, traer a la memoria las ánimas que están en el infierno, unas porque no creyeron el advenimiento; otras, creyendo, no obraron según sus mandamientos, haciendo tres partes:

1.ª parte. La 1.ª antes del advenimiento.

2.ª La 2.ª en su vida.

3.ª La 3.ª después de su vida en este mundo; y con esto darle gracias, porque no me ha dexado caer en ninguna destas acabando mi vida. Asimismo[99], cómo hasta agora[100] siempre a tenido de mí tanta piedad y misericordia, acabando con un Pater noster.

[72] **Nota**. El primer exercicio se hará a la media noche; el 2.º, luego en levantándose a la mañana; el 3.º antes o después de la misa, finalmente que sea antes de comer; el 4.º a la hora de vísperas; el 5.º una hora antes de cenar. Esta repetición de horas, más o menos, siempre entiendo en todas las cuatro semanas; según[101] la edad, disposición y

---

95- caer.
96- azufre quemado.
97- posos fétidos.
98- gusano o torcedor.
99- Y agradecerle también.
100- ahora.
101- conforme.

temperatura[102], ayuda a la persona que se exercita, para hacer los cinco exercicios o menos.

Adiciones

[73] Addiciones para mejor hacer los exercicios y para mejor hallar lo que[103] desea.

1.ª addición. La primera addición es, después de acostado, ya[104] que me quiera dormir, por espacio de un Avemaría pensar a la hora que me tengo de levantar, y a qué, resumiendo el exercicio que tengo de hacer.

[74] **2.ª addición**. La 2.ª: quando me despertare, no dando lugar a unos pensamientos ni a otros, advertir luego a lo que voy a contemplar en el primer exercicio de la media noche, trayéndome en confusión de mis tantos pecados[105], poniendo exemplos, así como si un caballero se hallase delante de su rey y de toda su corte, avergonzado y confundido en[106] haberle mucho ofendido, de quien primero rescibió muchos dones y muchas mercedes; asimismo en el 2.º exercicio haciéndome peccador grande y encadenado, es a saber, que voy atado como en cadenas a parescer delante del sumo juez eterno, trayendo en exemplo[107] cómo los encarcerados y encadenados ya dignos de muerte parescen delante[108] su juez temporal; y con estos pensamientos vestirme, o con otros, según subiecta materia.

[75] **3.ª addición.** La 3.ª: Un paso o dos antes del lugar donde tengo de contemplar o meditar, me pondré en pie por espacio de un Pater noster, alzado el entendimiento arriba, considerando cómo Dios nuestro Señor me mira, etc., y hacer una reverencia[109] o humilliación.

[76] **4.ª addición**. La 4.ª: entrar en la contemplación quándo de rodillas, quándo prostrado en tierra, quándo supino[110] rostro arriba, quándo asentado, quándo en pie, andando[111] siempre a buscar lo que

---

102- disposición (o fuerzas físicas e intelectuales) y temperamento.
103- se.
104- así.
105- excitándome a confusión de tantos pecados míos.
106- de.
107- poniendo por.
108- ante.
109- genuflexión.
110- tendido.
111- yendo.

quiero. En dos cosas advertiremos: la primera es que, si hallo lo que quiero de rodillas, no pasaré adelante, y si prostrado, asimismo, etc.; la segunda, en el punto en el qual hallare lo que quiero, ahí me reposaré sin tener ansia de pasar adelante, hasta que me satisfaga.

[77] **5.ª addición.** La 5.ª: después de acabado el exercicio; por espacio de un quarto de hora, quier[112] asentado, quier paseándome, miraré cómo me ha ido en la contemplación o meditación; y si mal, miraré la causa donde [113]procede, y así mirada arrepentirme, para me enmendar adelante; y si bien, dando gracias a Dios nuestro Señor; y haré otra vez de la misma manera.

[78] **6.ª addición.** La 6.ª: no querer pensar en cosas de placer ni alegría, como de gloria, resurrección, etc.; porque para sentir pena, dolor y lágrimas por nuestros peccados impide cualquier consideración de gozo y alegría; mas tener delante de mí quererme doler y sentir pena, trayendo más en memoria la muerte, el juicio.

[79] **7.ª addición.** La 7.ª: privarme de toda claridad para el mismo effecto cerrando ventanas y puertas, el tiempo que estuviere en la cámera[114], si no fuere para rezar, leer y comer.

[80] **8.ª addición.** La 8.ª: no reír, ni decir cosa motiva[115] a risa.

[81] **9.ª addición.** La nona: refrenar la vista, excepto al rescibir o al despedir de la persona con quien hablare.

[82] **10.ª addición.** La décima addición es penitencia, la qual se divide en interna y externa. Interna es dolerse de sus pecados con firme propósito de no cometer aquellos ni otros algunos; la externa o fructo de la primera, es castigo de los pecados cometidos, y principalmente se toma en tres maneras.

[83] **1.ª manera.** La 1.ª es cerca[116] del comer, es a saber, quando quitamos lo superfluo no es penitencia, mas temperancia; penitencia es quando quitamos de lo conveniente, y quanto más y más mayor y mejor, sólo que no se corrompa el subiecto[117] ni se siga enfermedad notable.

112- o.
113- de donde.
114- cámara.
115- que provoque.
116- acerca.
117- se inutilice la persona, quedando sin fuerzas corporales ni disposición suficiente para hacer bien las horas de ejercicio espiritual.

[84] **2.ª manera**. La 2.ª: cerca del modo del dormir, y asimismo no es penitencia quitar lo superfluo de cosas delicadas o moles[118], mas es penitencia quando en el modo se quita de lo conveniente, y quanto más y más mejor, sólo que no se corrompa el subiecto, ni se siga enfermedad notable, ni tampoco se quite del sueño conveniente, si forsan[119] no tiene hábito vicioso de dormir demasiado, para venir al medio.

[85] **3.ª manera.** La 3.ª: castigar la carne, es a saber, dándole dolor sensible, el qual se da trayendo cilicios o sogas o barras[120] de hierro sobre las carnes, flagelándose o llagándose, y[121] otras maneras de asperezas.

[86] Lo que paresce más cómodo[122] y más seguro de la penitencia, es que el dolor sea sensible en las carnes y que no entre dentro en los huesos, de manera que dé dolor y no enfermedad; por lo qual paresce que es más conveniente lastimarse con cuerdas delgadas, que dan dolor de fuera, que no de otra manera que cause dentro enfermedad que sea notable.

[87] **1.ª nota**. La primera nota es que las penitencias externas principalmente se hacen por tres effectos: el primero, por satisfación de los peccados passados; 2.º, por vencer a sí mesmo, es a saber, para que la sensualidad obedezca a la razón, y todas partes inferiores estén más subiectas [123]a las superiores; 3.º, para buscar y hallar alguna gracia o don que la persona quiere y desea, ansí como si desea haber[124] interna contrición de sus pecados o llorar mucho sobre ellos o sobre las penas y dolores que Christo nuestro Señor passaba en su passión, o por solución de alguna dubitación[125] en que la persona se halla.

[88] **2.ª nota**. La 2.ª: es de advertir que la 1.ª y 2.ª addición se han de hacer para los exercicios de la media noche y en amanesciendo, y no para los que se harán en otros tiempos; y la 4.ª addición nunca se hará en la iglesia delante de otros, sino en escondido, como en casa, etc.

[89] **3.ª nota.** La 3.ª: quando la persona que se exercita aún no halla lo que desea, ansí como lágrimas, consolaciones, etc., muchas veces

---

118- finas y blandas.
119- por ventura.
120- varas.
121- usando.
122- práctico.
123- sujetos o rendidos.
124- tener o alcanzar.
125- duda.

aprovecha hacer mudanza en el comer, en el dormir, y en otros modos de hacer penitencia; de manera que nos mudemos, haciendo dos o tres días penitencia, y otros dos o tres no; porque a algunos conviene hacer más penitencia y a otros menos; y también porque muchas veces dexamos de hacer penitencia por el amor sensual y por juicio erróneo, que el subiecto humano[126] no podrá tolerar[127] sin notable enfermedad; y algunas veces, por el contrario, hacemos demasiado, pensando que al cuerpo pueda tolerar; y como Dios nuestro Señor en infinito conosce mejor[128] nuestra natura, muchas veces en las tales mudanzas da a sentir a cada uno lo que le conviene.

[90] **4.ª nota.** La 4.ª: el examen particular se haga para quitar defectos y negligencias sobre exercicios y addiciones; y ansí en la 2.ª, 3.ª, y 4.ª semana.

126- cuerpo.
127- sobrellevarla.
128- conoce infinitamente mejor.

SEGUNDA SEMANA

[91] EL LLAMAMIENTO DEL REY TEMPORAL AYUDA A CONTEMPLAR LA VIDA DEL REY ETERNAL.

Oración. La oración preparatoria sea la sólita.

1.º preámbulo. El primer preámbulo es composición viendo el lugar; será aquí ver con la vista imaginativa sinagogas, villas y castillos por donde Christo nuestro Señor predicaba.

2.º preámbulo. El 2.º: demandar la gracia que quiero; será aquí pedir gracia a nuestro Señor para que no sea sordo a su llamamiento, mas presto y diligente para cumplir su sanctíssima voluntad.

[92] **1.º puncto**. El primer punto es poner delante de mí un rey humano, eligido de mano de Dios nuestro Señor, a quien hacen reverencia y obedescen todos los príncipes y todos hombres christianos.

[93] **2.º puncto**. El 2.º: mirar cómo este rey habla a todos los suyos, diciendo: Mi voluntad es de conquistar toda la tierra de infieles; por tanto, quien quisiere venir comigo ha de ser contento de comer como yo, y así de beber y vestir, etcétera; asimismo ha de trabajar comigo en el día y vigilar en la noche, etc; porque así después tenga parte comigo en la victoria como la ha tenido en los trabajos.

[94] **3.º puncto**. El 3.º: considerar qué deben responder los buenos súbditos a rey tan liberal y tan humano; y, por consiguiente, si alguno no acceptase la petición de tal rey, quánto sería digno de ser vituperado por todo el mundo y tenido por perverso caballero[129].

[95] **En la 2.ª parte**. La segunda parte deste exercicio consiste en aplicar el sobredicho exemplo del rey temporal a Christo nuestro Señor, conforme a los tres punctos dichos.

1.º puncto. Y quanto al primer puncto, si tal vocación consideramos del rey temporal a sus súbditos, quánto es cosa más digna de consideración ver a Christo nuestro Señor, rey eterno, y delante dél todo el universo mundo, al qual y a cada uno en particular llama y dice: Mi

---

129- mal militar y soldado.

voluntad es de conquistar todo el mundo y todos los enemigos, y así entrar en la gloria de mi Padre; por tanto, quien quisiere venir conmigo ha de trabajar conmigo, porque, siguiéndome en la pena, también me siga en la gloria.

[96] **2.º puncto.** El 2.º: considerar que todos los que tuvieren juicio y razón, offrescerán todas sus personas al trabajo.

[97] **3.º puncto.** El 3.º: los que más se querrán affectar y señalar en todo servicio de su rey eterno y Señor universal, no solamente offrescerán sus personas al trabajo, mas aun haciendo contra su propia sensualidad y contra su amor carnal y mundano, harán oblaciones de mayor stima[130] y mayor momento[131], diciendo:

[98] Eterno Señor de todas las cosas, yo hago mi oblación con vuestro favor y ayuda, delante[132] vuestra infinita bondad, y delante vuestra Madre gloriosa y de todos los sanctos y sanctas de la corte celestial, que yo quiero y deseo y es mi determinación deliberada, sólo que sea vuestro mayor servicio y alabanza, de imitaros en pasar todas injurias y todo vituperio[133] y toda pobreza, así actual como spiritual, queriéndome vuestra sanctíssima majestad elegir y rescibir en tal vida y estado.

[99] **1.ª nota**. Este exercicio se hará dos veces al día, es a saber, a la mañana en levantándose, y a una hora antes de comer o de cenar.

[100] **2.ª nota.** Para la segunda semana y así[134] para adelante, mucho aprovecha el leer algunos ratos en los libros de imitatione Christi o de los Evangelios y de vidas de sanctos.

[101] EL PRIMERO DIA Y PRIMERA CONTEMPLACIÓN ES DE LA ENCARNACIÓN, Y CONTIENE EN SÍ LA ORACIÓN PREPARATORIA, 3 PREÁMBULOS Y 3 PUNCTOS Y UN COLOQUIO.

Oración. La sólita oración preparatoria.

[102] **1.º preámbulo**. El primer preámbulo es traer[135] la historia de la cosa que tengo de contemplar; que es aquí cómo las tres personas divinas miraban toda la planicia o redondez de todo el mundo llena de hombres, y cómo, viendo que todos descendían al infierno, se determina

---

130- precio.
131- importancia.
132- de.
133- menosprecio.
134- lo mismo.
135- recordar.

en la su eternidad que la segunda persona se haga hombre para salvar el género humano, y así venida la plenitud de los tiempos embiando al ángel San Gabriel a Nuestra Señora, n. 262.

[103] **2.º preámbulo.** El 2.º, composición, viendo el lugar: aquí será ver la grande capacidad y redondez del mundo, en la qual están tantas y tan diversas gentes; asimismo después particularmente la casa y aposentos de Nuestra Señora, en la ciudad de Nazaret, en la provincia de Galilea.

[104] **3.º preámbulo.** El 3.º, demandar lo que quiero: será aquí demandar conoscimiento interno del Señor, que por mí se ha hecho hombre, para que más le ame y le siga.

[105] **Nota.** Conviene aquí notar que esta misma oración preparatoria sin mudarla, como está dicha en el principio, y los mismos tres preámbulos se han de hacer en esta semana y en las otras siguientes, mudando la forma, según la subiecta materia.

[106] **1.º puncto.** El primer puncto es ver las personas, las unas y las otras; y primero las de la haz de la tierra, en tanta diversidad, así en trajes como en gestos, unos blancos y otros negros, unos en paz y otros en guerra, unos llorando y otros riendo, unos sanos y otros enfermos, unos nasciendo y otros muriendo, etc.

2º: ver y considerar las tres personas divinas, como[136] en el su solio real o throno de la su divina majestad, cómo miran toda la haz y redondez de la tierra y todas las gentes en tanta ceguedad, y cómo mueren y descienden al infierno.

3º: ver a Nuestra Señora y al ángel que la saluda, y refletir para sacar provecho de la tal vista.

[107] **2.º puncto.** El 2.º: oír lo que hablan las personas sobre la haz de la tierra, es a saber, cómo hablan unos con otros, cómo juran y blasfemian[137], etc.; asimismo lo que dicen las personas divinas, es a saber: "Hagamos redempción del género humano", etc.; y después lo que hablan el ángel y Nuestra Señora; y refletir después para sacar provecho de sus palabras.

[108] **3.º puncto.** El 3.º: después mirar lo que hacen las personas sobre la haz de la tierra, así como herir, matar, ir al infierno, etc.; asimismo

136- sentadas.
137- blasfeman.

lo que hacen las personas divinas, es a saber, obrando la sanctíssima incarnación[138], etc.; y asimismo lo que hacen el ángel y Nuestra Señora, es a saber, el ángel haciendo su officio de legado, y Nuestra Señora humiliándose y haciendo gracias a la divina majestad, y después reflectir para sacar algún provecho de cada cosa destas.

[109] **Coloquio**. En fin, hase de hacer un coloquio, pensando lo que debo hablar a las tres Personas divinas, o al Verbo eterno encarnado o a la Madre y Señora nuestra, pidiendo según que en sí sintiere, para más seguir e imitar al Señor nuestro, ansí nuevamente encarnado, diciendo un Pater noster.

[110] LA SEGUNDA CONTEMPLACION ES DEL NASCIMIENTO.

Oración. La sólita[139] oración preparatoria.

[111] **1.º preámbulo.** El primer preámbulo es la historia: y será aquí, cómo desde Nazaret salieron Nuestra Señora grávida quasi de nueve meses, como se puede meditar píamente asentada en una asna, y Josep y una ancila, levando un buey para ir a Bethlem, a pagar el tributo que César echó[140] en todas aquellas tierras, n. 264.

[112] **2.º preámbulo**. El 2.º: composición, viendo el lugar: será aquí con la vista imaginativa ver el camino desde Nazaret a Bethlem, considerando la longura, la anchura, y si llano o si por valles o cuestas sea el tal camino; asimismo mirando el lugar o espelunca del nacimiento, quán grande, quán pequeño, quán baxo, quán alto, y cómo estaba aparejado.

[113] **3.º preámbulo**. El 3.º será el mismo y por la misma forma que fue en la precedente contemplación.

[114] **1.º puncto.** El primer puncto es ver las personas, es a saber, ver a Nuestra Señora y a Joseph y a la ancilla y al niño Jesú, después de ser[141] nascido, haciéndome yo un pobrecito y esclavito indigno, mirándolos, contemplándolos y sirviéndolos en sus necessidades, como si presente me hallase, con todo acatamiento y reverencia possible; y después reflectir en mí mismo para sacar algún provecho.

[115] **2.º puncto.** El 2.º: mirar, advertir y contemplar lo que hablan; y reflitiendo[142] en mí mismo, sacar algún provecho.

138- encarnación.
139- acostumbrada.
140- impuso.
141- haber.
142- reflictiendo.

[116] **3.º puncto.** El 3.º: mirar y considerar lo que hacen, así como es el caminar y trabajar, para que el Señor sea nascido[143] en summa pobreza, y a cabo de tantos trabajos, de hambre, de sed, de calor y de frío, de injurias y afrentas, para morir en cruz; y todo esto por mí; después reflitiendo sacar algún provecho spiritual.

[117] **Coloquio.** Acabar con un coloquio, así como en la precedente contemplación y con un Pater noster.

[118] La TERCERA CONTEMPLACIÓN SERA REPETICIÓN DEL PRIMERO Y SEGUNDO EXERCICIO.

Después de la oración preparatoria y de los tres preámbulos se hará la repetición del primero y segundo exercicio, notando siempre algunas partes más principales, donde haya sentido la persona algún conoscimiento, consolación o desolación, haciendo asimismo un coloquio al fin y un Pater noster.

[119] En esta repetición y en todas las siguientes se llevará la misma orden de proceder que se llevaba en las repeticiones de la primera semana, mudando la materia y guardando la forma.

[120] La QUARTA CONTEMPLACIÓN SERA REPETICIÓN DE LA 1.ª Y 2.ª, DE LA MISMA MANERA QUE SE HIZO EN LA SOBREDICHA REPETICIÓN.

[121] La QUINTA SERÁ TRAER LOS CINCO SENTIDOS SOBRE LA PRIMERA Y SEGUNDA CONTEMPLACIÓN.

Oración. Después de la oración preparatoria y de los tres preámbulos, aprovecha el pasar de los cinco sentidos de la imaginación por la 1.ª y 2.ª contemplación de la manera siguiente:

[122] **1.º puncto.** El primer puncto es ver las personas con la vista imaginativa, meditando y contemplando en particular sus circunstancias, y sacando algún provecho de la vista.

[123] **2.º puncto.** El 2.º: oír con el oído lo que hablan o pueden hablar, y refletiendo en sí mismo, sacar dello algún provecho.

[124] **3.º puncto.** El 3.º: oler y gustar con el olfato y con el gusto la infinita suavidad y dulzura de la divinidad, del ánima y de sus virtudes y de todo, según fuere la persona que se contempla, reflitiendo en sí mismo y sacando provecho dello.

143- venga a nacer.

[125] **4.º puncto**. El quarto: tocar con el tacto, así como abrazar y besar los lugares donde las tales personas pisan y se asientan, siempre procurando de sacar provecho dello.

[126] **Coloquio**. Acabarse ha[144] con un coloquio, como en la primera y segunda contemplación, y con un Pater noster.

[127] **1.ª nota**. Primera nota: es de advertir para toda esta semana y las otras siguientes que solamente tengo de leer el misterio de la contemplación que inmediate tengo de hacer, de manera que por entonces no lea ningún misterio que aquel día o en aquella hora no haya de hacer, porque la consideración de un misterio no estorbe a la consideración del otro.

[128] **2.ª nota.** La 2.ª: el primer exercicio de la encarnación se hará a la media noche; el 2.º, en amanesciendo; el 3.º, a la hora de missa; el 4.º, a la hora de vísperas, y el 5.º, antes de la hora de cenar, estando por espacio de una hora en cada uno de los cinco exercicios; y la misma orden se llevará en todo lo siguiente.

[129] **3.ª nota**. La 3.ª: es de advertir que si la persona que hace los exercicios es viejo o débil, o aunque fuerte, si de la 1.ª semana a quedado en alguna manera débil, es mejor que en esta 2.ª semana a lo menos algunas veces no se levantando[145] a media noche, hacer a la mañana una contemplación, y otra a la hora de missa, y otra antes de comer, y sobre ellas una repetición a la hora de vísperas, y después el traer de los sentidos antes de cena.

[130] **4.ª nota**. La quarta: en esta segunda semana, en todas las diez addiciones, que se dixeron en la primera semana, se han de mudar la 2.ª, la 6.ª, la 7.ª y en parte la 10.ª.

En la segunda será, luego en despertándome, poner enfrente de mí la contemplación que tengo de hacer, deseando más conocer el Verbo eterno encarnado, para más le servir y seguir.

Y la 6.ª será traer en memoria freqüentemente la vida y misterios de Christo nuestro Señor, comenzando de su encarnación hasta el lugar o misterio que voy contemplando.

144- Se acabará.
145- levantándose.

Ejercicios Espirituales

Y la 7.ª será que tanto se debe guardar en tener[146] obscuridad o claridad, usar de buenos temporales o diversos[147], quanto sintiere que le puede aprovechar y ayudar para hallar lo que desea la persona que se exercita.

Y en la 10.ª addición el que se exercita se debe haber según los misterios que contempla; porque algunos piden penitencia, y otros no; de manera que se hagan todas las diez addiciones con mucho cuidado.

[131] **5.ª nota**. La quinta nota: en todos los exercicios, dempto[148] en el de la media noche y en el de la mañana, se tomará el equivalente de la 2.ª addición, de la manera que se sigue: luego en acordándome que es hora del exercicio que tengo de hacer, antes que me vaya[149], poniendo delante de mí a dónde voy y delante de quién, resumiendo un poco el exercicio que tengo de hacer, y después haciendo la 3.ª addición entraré en el exercicio.

[132] **2º día**. El segundo día, tomar por primera y segunda contemplación la presentación en el templo, n. 268, y la huyda como en destierro a Egipto, n. 269, y sobre estas dos contemplaciones se harán dos repeticiones y el traer de los cinco sentidos sobre ellas de la misma manera que se hizo el día precedente.

[133] **Nota**. Algunas veces aprovecha, aunque el que se exercita sea recio y dispuesto, el mudarse desde este 2.º día hasta el 4.º inclusive para mejor hallar lo que desea, tomando sola una contemplación en amaneciendo y otra a la hora de missa, y repetir sobre ellas a la hora de vísperas, y traer los sentidos antes de cena.

[134] **3.º día**. El tercero día, cómo el niño Jesú era obediente a sus padres en Nazaret, n. 271, y cómo después le hallaron en el templo, n. 272, y así consequenter[150] hacer las dos repeticiones y traer los cinco sentidos.

[135] PREÁMBULO PARA CONSIDERAR ESTADOS.

Preámbulo. Ya considerando el exemplo que Christo nuestro Señor nos ha dado para el primer estado, que es en custodia de los

---

146- el tener.
147- la buena temperatura o varia.
148- excepto.
149- a comenzarlo.
150- sobre ellas después.

mandamientos[151], siendo él en obediencia a sus padres; y asimismo para el 2.º, que es de perfección evangélica, quando quedó en el templo dexando a su padre adoptivo y a su madre natural, por vacar en puro servicio de su Padre eternal; comenzaremos juntamente contemplando su vida, a investigar y a demandar en qué vida o estado de nosotros se quiere servir su divina majestad; y assí para alguna introducción dello, en el primer exercicio siguiente veremos la intención de Christo nuestro Señor y, por el contrario, la del enemigo de natura humana, y cómo nos debemos disponer para venir en perfección en cualquier estado o vida que Dios nuestro Señor nos diere para elegir.

[136] EL QUARTO DÍA, **MEDITACIÓN DE DOS BANDERAS**, LA UNA DE CHRISTO, SUMMO CAPITÁN Y SEÑOR NUESTRO; LA OTRA DE LUCIFER, MORTAL ENEMIGO DE NUESTRA HUMANA NATURA.

Oración. La sólita oración preparatoria.

[137] **1.º preámbulo.** El primer preámbulo es la historia: será aquí cómo Christo llama y quiere a todos debaxo de su bandera, y Lucifer, al contrario, debaxo de la suya.

[138] **2.º preámbulo.** El 2.º: composición viendo el lugar; será aquí ver un gran campo[152] de toda aquella región de Hierusalén, adonde el summo capitán general de los buenos es Christo nuestro Señor; otro campo en región de Babilonia, donde el caudillo de los enemigos es Lucifer.

[139] **3.º preámbulo.** El 3.º: demandar lo que quiero; y será aquí pedir conoscimiento de los engaños del mal caudillo y ayuda para dellos me guardar, y conoscimiento de la vida verdadera que muestra[153] el summo y verdadero capitán, y gracia para le imitar.

[140] **1.º puncto**. El primer puncto es imaginar así como si se asentase el caudillo de todos los enemigos en aquel gran campo de Babilonia, como en una grande cáthedra de fuego y humo, en figura horrible y espantosa.

[141] **2.º puncto.** El 2.º: considerar cómo hace llamamiento de inumerables demonios y cómo les esparce a los unos en tal ciudad y a

151- consiste en guardar.
152- o hueste, o ejército en campaña.
153- enseña.

los otros en otra, y así por todo el mundo, no dexando[154] provincias[155], lugares[156], estados[157], ni personas algunas en particular.

[142] **3.º puncto**. El 3.º: considerar el sermón que les hace, y cómo los amonesta para[158] echar redes y cadenas; que[159] primero hayan de tentar de cobdicia[160] de riquezas, como suele, ut in pluribus[161], para que más fácilmente vengan a vano honor del mundo, y después a crescida soberbia; de manera que el primer escalón sea de riquezas, el 2.º, de honor; el 3.º, de soberbia, y destos tres escalones induce a todos los otros vicios.

[143] Assí, por el contrario, se ha de imaginar del summo y verdadero capitán, que es Christo nuestro Señor.

[144] **1.º puncto**. El primer puncto es considerar cómo Christo nuestro Señor se pone en un gran campo de aquella región de Hierusalén en lugar humilde, hermoso y gracioso.

[145] **2.º puncto**. El 2.º: considerar cómo el Señor de todo el mundo escoge tantas personas, apóstoles, discípulos, etc., y los envía por todo el mundo, esparciendo su sagrada doctrina por todos estados y condiciones de personas.

[146] **3.º puncto**. El 3.º: considerar el sermón que Christo nuestro Señor hace a todos sus siervos y amigos, que a tal jornada envía, encomendándoles que a todos quieran ayudar en traerlos, primero a summa pobreza spiritual, y si su divina majestad fuere servida y los quisiere elegir, no menos a la pobreza actual; 2.º, a deseo de oprobrios y menosprecios, porque destas dos cosas se sigue la humildad, de manera que sean tres escalones: el primero, pobreza contra riqueza; el 2.º, oprobrio o menosprecio contra el honor mundano; el 3.º, humildad contra la soberbia; y destos tres escalones induzgan a todas las otras virtudes.

[147] **Coloquio**. Un coloquio a nuestra Señora, porque me alcance gracia de su Hijo y Señor, para que yo sea recibido debaxo de su bandera,

---

154- sin demonio tentador.
155- regiones o comarcas.
156- pueblos.
157- (eclesiásticos, religiosos y seglares).
158- a.
159- de manera que.
160- codicia.
161- en los más.

y primero en summa pobreza espiritual, y si su divina majestad fuere servido y me quisiere elegir y rescibir, no menos en la pobreza actual; 2.º, en pasar oprobrios y injurias por más en ellas le imitar, sólo que las pueda pasar sin peccado de ninguna persona ni displacer de su divina majestad, y con esto una Ave María.

2.º coloquio. Pedir otro tanto al Hijo, para que me alcance del Padre, y con esto decir Anima Christi.

3.º coloquio. Pedir otro tanto al Padre, para que él me lo conceda, y decir un Pater noster.

[148] **Nota**. Este exercicio se hará a media noche y después otra vez a la mañana, y se harán dos repeticiones deste mismo a la hora de missa y a la hora de vísperas, siempre acabando con los tres coloquios de nuestra Señora, del Hijo y del Padre. Y el de los binarios que se sigue[162] a la hora antes de cenar.

[149] **4.º** Día. El mismo quarto día se haga meditación de **TRES BINARIOS**[163] DE HOMBRES, PARA ABRAZAR EL MEJOR.

Oración. La sólita oración preparatoria.

[150] **1.º preámbulo**. El primer preámbulo es la historia, la qual es de tres binarios de hombres, y cada uno dellos ha adquerido diez mil ducados, no pura o débitamente[164] por amor de Dios; y quieren todos salvarse y hallar en paz a Dios nuestro Señor, quitando de sí la gravedad[165] e impedimento que tienen para ello, en la affección de la cosa acquisita[166].

[151] **2.º preámbulo**. El 2.º, composición viendo el lugar: será aquí ver a mí mismo, cómo estoy delante de Dios nuestro Señor y de todos sus sanctos, para desear y conoscer lo que sea más grato a la su divina bondad.

[152] **3.º preámbulo**. El 3.º: demandar lo que quiero: aquí será pedir gracia para elegir lo que más a gloria de su divina majestad y salud de mi ánima sea.

162- se hará.
163- binas o tipos diferentes.
164- debidamente, rectamente.
165- pesadez.
166- adquirida.

Ejercicios Espirituales

[153] **1.º binario.** El primer binario querría quitar el affecto que a la cosa acquisita tiene, para hallar en paz a Dios nuestro Señor, y saberse salvar, y no pone los medios hasta la hora de la muerte.

[154] **2.º binario.** El 2.º quiere quitar el affecto, mas ansí le quiere quitar, que quede con la cosa acquisita, de manera que allí venga Dios donde él quiere, y no determina de dexarla[167], para ir a Dios, aunque fuesse el mejor estado para él.

[155] **3.º binario.** El 3.º quiere quitar el affecto, mas ansí le quiere quitar, que también no le tiene affección a tener la cosa acquisita o no la tener, sino quiere solamente quererla o no quererla, según que Dios nuestro Señor le pondrá en voluntad[168], y a la tal persona le parescerá mejor para servicio y alabanza de su divina majestad; y entretanto quiere hacer cuenta que todo lo dexa en affecto, poniendo fuerza de no querer aquello ni otra cosa ninguna, si no le moviere sólo el servicio de Dios nuestro Señor, de manera que el deseo de mejor poder servir a Dios nuestro Señor le mueva a tomar la cosa o dexarla.

[156] **3 coloquios.** Hacer los mismos tres coloquios que se hicieron en la contemplación precedente de las dos banderas.

[157] **Nota.** Es de notar que quando nosotros sintimos[169] affecto o repugnancia contra la pobreza actual, quando no somos indiferentes a pobreza o riqueza, mucho aprovecha, para extinguir el tal affecto desordenado, pedir en los coloquios (aunque sea contra la carne) que el Señor le elija en pobreza actual; y que él quiere, pide y suplica, sólo que sea servicio y alabanza de la su divina bondad.

[158] **5.º DÍA.** EL QUINTO DIA, CONTEMPLACIÓN SOBRE LA PARTIDA DE CHRISTO NUESTRO SEÑOR DESDE NAZARET AL RÍO JORDÁN, Y CÓMO FUE BAPTIZADO, N. 273.

[159] **1.ª nota.** Esta contemplación se hará una vez a la media noche, y otra vez a la mañana, y[170] dos repeticiones sobre ella a la hora de missa y vísperas, y antes de cena[171] traer sobre ella los cinco sentidos; en cada uno destos cinco exercicios preponiendo[172] la sólita oración preparatoria

---

167- se determina a.
168- le hará sentir por mociones de la voluntad, conforme al primero o segundo tiempo de elección.
169- sentimos.
170- se harán.
171- se tendrá el.
172- poniendo al principio.

39

y los tres preámbulos, según que[173] de todo esto está declarado en la contemplación de la incarnación y del nascimiento, y acabando con los tres coloquios de los tres binarios, o según la nota que se sigue después de los binarios.

[160] **2.ª nota.** El examen particular después de comer y después de cenar se hará sobre las faltas y negligencias cerca[174] los exercicios y addiciones deste día, y así[175] en los que se siguen.

[161] **6.º día.** El sexto dia, contemplación cómo Christo nuestro Señor fue desde el río Jordán al desierto inclusive, llevando en todo la misma forma que en el quinto.

7.º día. El séptimo dia, cómo sancto[176] Andrés y otros siguieron a Christo nuestro Señor, n. 275.

8.º día. El octavo, del sermón del monte, que es de las ocho bienaventuranzas, n. 278.

9.º día. El nono, cómo Christo nuestro Señor aparesció a sus discípulos sobre las ondas de la mar, n. 280.

10.º día. El decimo, cómo el Señor predicaba en el templo, n. 288.

11.º día. El undecimo, de la resurrección de Lázaro, n. 285.

12.º día. El duodecimo, del día de ramos, n. 287.

[162] **1.ª nota.** La primera nota es que en las contemplaciones desta segunda semana, según que[177] cada uno quiere poner tiempo o según que se aprovechare, puede alongar[178] o abreviar[179]. Si alongar[180], tomando los misterios de la visitación de nuestra Señora a sancta Elisabet, los pastores, la circuncisión del Niño Jesús, y los tres reys[181], y así de otros[182]; y si[183] abreviar[184], aun quitar de los que están puestos;

173- tal como.
174- acerca de.
175- lo mismo se haga.
176- San.
177- conforme.
178- alargar.
179- la semana.
180- quiere alargar, tome.
181- reyes.
182- otros misterios aún.
183- quiere.
184- puede.

porque esto es dar una introducción y modo para después mejor y más cumplidamente contemplar.

[163] **2.ª nota**. La 2.ª: la materia de las elecciones se comenzará desde la contemplación de Nazaret a Jordán, tomando inclusive, que[185] es el quinto día, según que se declara en lo siguiente.

[164] **3.ª NOTA**. LA 3.ª: ANTES DE ENTRAR EN LAS ELECCIONES, PARA HOMBRE AFFECTARSE A[186] LA VERA DOCTRINA DE CHRISTO NUESTRO SEÑOR, APROVECHA MUCHO CONSIDERAR Y ADVERTIR EN LAS SIGUIENTES **TRES MANERAS DE HUMILDAD,** Y EN ELLAS CONSIDERANDO A RATOS POR TODO EL DÍA, Y ASIMISMO HACIENDO LOS COLOQUIOS SEGÚN QUE ADELANTE SE DIRÁ.

[165] **1.ª humildad**. La primera manera de humildad es necessaria para la salud eterna, es a saber, que así me baxe y así me humille quanto en mí sea posible, para que en todo obedesca a la ley de Dios nuestro Señor, de tal suerte que, aunque me hiciesen Señor de todas las cosas criadas en este mundo, ni por[187] la propia vida temporal[188], no sea en deliberar de[189] quebrantar un mandamiento, quier divino, quier humano, que me obligue a peccado mortal.

[166] **2.ª humildad**. La 2.ª es más perfecta humildad que la primera, es a saber, si yo me hallo en tal puncto que no quiero ni me afecto más a tener riqueza que pobreza, a querer honor que deshonor, a desear vida larga que corta, siendo igual servicio de Dios nuestro Señor y salud de mi ánima; y con esto, que por todo lo criado, ni porque la vida me quitasen, no sea en deliberar de hacer un peccado venial.

[167] **3.ª humildad**. La 3.ª es humildad perfectíssima, es a saber, quando incluyendo la primera y segunda, siendo igual alabanza y gloria de la divina majestad, por imitar y parescer más actualmente a Christo nuestro Señor, quiero y elijo más pobreza con Christo pobre que riqueza, oprobrios con Christo lleno dellos que honores, y desear más de ser estimado por vano y loco por Christo, que primero fue tenido por tal, que por sabio ni prudente en este mundo.

[168] **Nota**. Assí para quien desea alcanzar esta tercera humildad, mucho aprovecha hacer los tres coloquios de los binarios ya dichos,

---

185- tomándolo inclusive, a saber, desde que se hace y repite esta contemplación, esto.
186- abrazar de corazón.
187- salvar.
188- amenazada.
189- delibere o quiera a sabiendas.

41

pidiendo que el Señor nuestro le quiera elegir en[190] esta tercera mayor y mejor humildad, para más le imitar y servir, si igual o mayor servicio y alabanza fuere a la su divina majestad.

Sobre la elección

[169] PREAMBULO PARA HACER ELECCIÓN.

1º puncto. En toda buena elección, en quanto es de nuestra parte, el ojo de nuestra intención debe ser simple, solamente mirando para lo que soy criado, es a saber, para alabanza de Dios nuestro Señor y salvación de mi ánima; y así cualquier cosa que yo eligiere, debe ser a[191] que me ayude para al[192] fin para que soy criado, no ordenando ni trayendo el fin al medio, mas el medio al fin; así como acaece que muchos eligen primero casarse, lo qual es medio, y secundario servir a Dios nuestro Señor en el casamiento, el qual servir a Dios es fin. Assimismo hay otros que primero quieren haber beneficios y después servir a Dios en ellos. De manera que éstos no van derechos a Dios, mas quieren que Dios venga derecho a sus affecciones desordenadas, y, por consiguiente, hacen del fin medio y del medio fin. De suerte que lo que habían de tomar primero toman postrero; porque primero hemos de poner por obiecto[193] querer servir a Dios, que es el fin, y secundario tomar beneficio o casarme, si más me conviene, que es el medio para el fin; así ninguna cosa me debe mover a tomar los tales medios o a privarme dellos, sino sólo el servicio y alabanza de Dios nuestro Señor y salud eterna de mi ánima.

[170] PARA TOMAR NOTICIA DE QUÉ COSAS SE DEBE HACER ELECCIÓN, Y CONTIENE EN SÍ CUATRO PUNCTOS Y UNA NOTA.

1.º puncto. El primer puncto: es necessario que todas cosas, de las quales queremos hacer elección, sean indiferentes o buenas en sí, y que militen dentro de la sancta madre Iglesia hierárquica[194], y no malas ni repugnantes a ella.

[171] **2.º puncto**. Segundo: hay unas cosas que caen debaxo de elección inmutable, así como son sacerdocio, matrimonio, etc.; hay otras

190- elegir para.
191- para.
192- el.
193- tener por objeto.
194- jerárquica.

que caen debaxo de elección mutable, assí como son tomar beneficios o dexarlos, tomar bienes temporales o lanzallos[195].

[172] **3.º puncto**. Tercero: en la elección inmutable que ya una vez se ha hecho elección[196], no hay más que elegir, porque no se puede desatar, así como es matrimonio, sacerdocio, etc. Sólo es de mirar que si no ha hecho elección debida y ordenadamente, sin affecciones dessordenadas, arrepentiéndose procure hacer buena vida en su elección; la qual elección no parece que sea vocación divina, por ser elección desordenada y oblica[197], como muchos en esto yerran, haciendo de oblica o de mala elección vocación divina, porque toda vocación divina es siempre pura y limpia, sin mixtión[198] de carne ni de otra affección alguna dessordenada.

[173] **4.º puncto**. Quarto: si alguno a hecho elección debida y ordenadamente de cosas que están debajo de elección mutable, y no llegando[199] a carne ni a mundo, no hay para qué de nuevo haga elección, mas en aquella perficionarse[200] quanto pudiere.

[174] **Nota**. Es de advertir que, si la tal elección mutable no se ha hecho sincera y bien ordenada, entonces aprovecha hacer la elección debidamente, quien tubiere deseo que dél salgan fructos notables y muy apacibles[201] a Dios nuestro Señor.

[175] TRES TIEMPOS PARA HACER SANA Y BUENA ELECCIÓN EN CADA UNO DELLOS.

1.º tiempo. El primer tiempo es quando Dios nuestro Señor así mueve y atrae la voluntad, que, sin dubitar[202] ni poder dubitar, la tal ánima devota sigue a[203] lo que es mostrado[204]; assí como San Pablo y San Matheo lo hicieron en seguir[205] a Christo nuestro Señor.

195- desposeerse de ellos.
196- en que ya se ha hecho elección una vez.
197- oblicua.
198- mezcla.
199- llegándose o allegándose.
200- perfeccionarse.
201- agradables.
202- dudar.
203- se determina que debe hacer.
204- propuesto.
205- siguiendo.

[176] **2.º tiempo**. El segundo: quando se toma asaz[206] claridad y cognoscimiento[207] por experiencia de consolaciones y dessolaciones, y por experiencia de discreción de varios espíritus.

[177] **3.º tiempo**. El tercero tiempo es tranquilo, considerando primero para qué es nascido el hombre, es a saber, para alabar a Dios nuestro Señor y salvar su ánima, y esto deseando elije por[208] medio una vida o estado dentro de los límites de la Iglesia, para que sea ayudado en servicio de su Señor y salvación de su ánima.

Dixe tiempo tranquilo, quando el ánima no es agitada de varios spíritus y usa de sus potencias naturales líbera[209] y tranquilamente.

[178] Si en el primero o segundo tiempo no se hace elección, síguese cerca este tercero tiempo dos modos para hacerla.

El primer modo para hacer sana y buena elección contiene en si seis puntos.

1.º puncto. El primer puncto es proponer delante la cosa sobre que quiero hacer elección, así como un officio o beneficio para tomar o dexar, o de otra cualquier cosa que cae en elección mutable.

[179] **2.º puncto**. Segundo: es menester tener por obiecto[210] el fin para que soy criado, que es para alabar a Dios nuestro Señor y salvar mi ánima, y con esto hallarme indiferente sin affección alguna dessordenada, de manera que no esté más inclinado ni affectado a tomar la cosa propuesta que a dexarla, ni más a dexarla que a tomarla; mas que me halle como en medio de un peso para seguir aquello que sintiere ser más en gloria y alabanza de Dios nuestro Señor y salvación de mi ánima.

[180] **3.º puncto**. Tercero: pedir a Dios nuestro Señor quiera mover mi voluntad y poner en mi ánima lo que yo debo hacer acerca de la cosa propósita[211], que más su alabanza y gloria sea, discurriendo bien y fielmente con mi entendimiento y eligiendo conforme[212] su sanctíssima y beneplácita voluntad.

206- la conveniente.
207- conocimiento.
208- como.
209- libre.
210- objeto.
211- propuesta.
212- a.

[181] **4.º puncto.** Quarto: considerar raciocinando quántos cómmodos[213] o provechos se me siguen con el tener el officio o beneficio propuestos, para sola la alabanza de Dios nuestro Señor y salud de mi ánima; y, por el contrario, considerar assimismo los incómodos[214] y peligros que hay en el tener. Otro tanto haciendo en la segunda parte, es a saber, mirar los cómodos y provechos en el no tener; y asimismo, por el contrario, los incómodos y peligros en el mismo no tener.

[182] **5.º puncto.** Quinto: después que así he discurrido y raciocinado a todas partes sobre la cosa propósita, mirar dónde más la razón se inclina, y así según la mayor moción racional, y no moción alguna sensual, se debe hacer deliberación sobre la cosa propósita.

[183] **6.º puncto.** Sexto: hecha la tal elección o deliberación, debe ir la persona que tal ha hecho con mucha diligencia a la oración delante de Dios nuestro Señor y offrescerle la tal elección para que su divina majestad la quiera rescibir y confirmar, siendo[215] su mayor servicio y alabanza.

[184] EL SEGUNDO MODO PARA HACER SANA Y BUENA ELECCIÓN CONTIENE EN SÍ CUATRO REGLAS Y UNA NOTA.

1.ª regla. La primera es que aquel amor que me mueve y me hace elegir la tal cosa, descienda de arriba del amor de Dios, de forma que el que elige sienta primero en sí que aquel amor más o menos que tiene a la cosa que elige es sólo por su Criador y Señor.

[185] **2.ª regla.** La 2.ª: mirar a un hombre que nunca he visto ni conoscido, y desseando yo toda su perfección, considerar lo que yo le diría que hiciese y eligiese para mayor gloria de Dios nuestro Señor y mayor perfección de su ánima, y haciendo yo asimismo, guardar la regla que para el otro pongo.

[186] **3.ª regla.** La 3.ª: considerar como si estuviese en el artículo de la muerte, la forma y medida[216] que entonces querría haber tenido en el modo de la presente elección, y reglándome por aquélla, haga en todo la mi determinación.

213- cuántas ventajas.
214- las desventajas.
215- si es.
216- de proceder y la norma.

[187] **4.ª regla**. La 4.ª: mirando y considerando cómo me hallaré el día del juicio, pensar cómo entonces querría haber deliberado acerca la cosa presente, y la regla que entonces querría haber tenido, tomarla agora, porque entonces me halle con entero placer y gozo.

[188] **Nota.** Tomadas las reglas sobredichas para mi salud y quietud eterna, haré mi elección y oblación a Dios nuestro Señor, conforme al sexto puncto del primer modo de hacer elección.

[189] PARA ENMENDAR Y REFORMAR LA PROPIA VIDA Y ESTADO.

Es de advertir que acerca de los que están constituidos en prelatura o en matrimonio (quier abunden mucho de los bienes temporales, quier no), donde[217] no tienen lugar o muy prompta voluntad para hacer elección de las cosas que caen debaxo de elección mutable, aprovecha mucho, en lugar de hacer elección, dar forma y modo de enmendar y reformar la propia vida y estado de cada uno dellos, es a saber, poniendo su creación, vida y estado para gloria y alabanza de Dios nuestro Señor y salvación de su propia ánima. Para venir y llegar a este fin, debe mucho considerar y ruminar por los exercicios y modos de elegir, según que está declarado, quánta casa y familia debe tener, cómo la debe regir y gobernar, cómo la debe enseñar con palabra y con exemplo; asimismo de sus facultades quánta debe tomar para su familia y casa, y quánta para dispensar en pobres y en otras cosas pías, no queriendo ni buscando otra cosa alguna sino en todo y por todo mayor alabanza y gloria de Dios nuestro Señor. Porque piense cada uno que tanto se aprovechará en todas cosas spirituales, quanto saliere de su proprio amor, querer y interesse.

217- cuando.

TERCERA SEMANA

[190] 1.º DÍA. La primera contemplación, a la medianoche, es cómo Christo Nuestro Señor fue desde Bethania para Hierusalém a la última cena inclusive, n. 289, y contiene en sí la oración preparatoria, 3 preámbulos, 6 punctos y un coloquio.

Oración. La sólita oración preparatoria.

[191] **1.º preámbulo.** El primer preámbulo es traer[218] la historia, que es aquí cómo Christo nuestro Señor desde Bethania envió dos discípulos a Hierusalém a aparejar la cena, y después él mismo fue a ella con los otros discípulos; y cómo después de haber comido el cordero pascual y haber cenado, les lavó los pies, y dio su sanctíssimo cuerpo y preciosa sangre a sus discípulos, y les hizo un sermón después que fue Judas a vender a su Señor.

[192] **2.º preámbulo.** El segundo, composición, viendo el lugar: será aquí considerar el camino desde Bethania a Hierusalém, si ancho, si angosto, si llano, etc. Asimismo el lugar de la cena, si grande, si pequeño, si de una manera o si de otra.

[193] **3.º preámbulo.** El tercero, demandar lo que quiero: será aquí dolor, sentimiento y confussión, porque por mis peccados va el Señor a la passión.

[194] **1.º puncto.** El primer puncto es ver las personas de la cena, y reflitiendo[219] en mí mismo, procurar de sacar algún provecho dellas.

2.º puncto. El segundo: oír lo que hablan, y asimismo sacar algún provecho dello.

3.º puncto. El 3.º: mirar lo que hacen y sacar algún provecho.

[195] **4.º puncto.** El 4.º: considerar lo que Christo nuestro Señor padesce en la humanidad o quiere padescer, según el paso que se

---

218- recordar.
219- reflictiendo.

contempla; y aquí comenzar con mucha fuerza y esforzarme a doler, tristar[220] y llorar, y así trabaxando[221] por los otros punctos que se siguen.

[196] **5.º puncto**. El 5.º: considerar cómo la Divinidad[222] se esconde, es a saber, cómo podría destruir a sus enemigos, y no lo hace, y cómo dexa padescer la sacratíssima humanidad tan crudelíssimamente.

[197] **6.º puncto**. El 6.º: considerar cómo todo esto padesce por mis peccados, etc., y qué debo yo hacer y padescer por él.

[198] **Coloquio**. Acabar con un coloquio a Christo nuestro Señor, y al fin con un Pater noster.

[199] **Nota**. Es de advertir, como antes y en parte está declarado, que en los coloquios debemos de razonar y pedir según la subiecta materia[223], es a saber, según que me hallo tentado o consolado, y según que deseo haber una virtud o otra, según que quiero disponer de mí a una parte o a otra, según que quiero dolerme o gozarme de la cosa que contemplo, finalmente pidiendo aquello que más efficazmente cerca algunas cosas particulares desseo; y desta manera puede hacer un sólo coloquio a Christo nuestro Señor o si la materia o la devoción le conmueve, puede hacer tres coloquios, uno a la Madre, otro al Hijo, otro al Padre, por la misma forma que está dicho en la segunda semana en la meditación de los dos binarios, con la nota que se sigue a los binarios.

[200] Segunda contemplación a la mañana será desde la cena al huerto inclusive.

Oración. La sólita oración preparatoria.

[201] **1º preámbulo** es la historia: y será aquí cómo Christo nuestro Señor descendió con sus once discípulos desde el monte Sión, donde hizo la cena, para el valle de Iosaphar[224] dexando los ocho en una parte del valle y los otros tres en una parte del huerto y poniéndose en oración suda sudor como gotas de sangre, y después que tres veces hizo oración al Padre, y despertó a sus tres discípulos, y después que a su voz cayeron los enemigos, y Judas dándole la paz y San Pedro derrocando la oreja

---

220- dolerme, entristecerme.
221- de la misma manera trabajar.
222- del mismo Jesucristo.
223- las disposiciones actuales del que se ejercita, de conformidad con lo que se busca, o con las necesidades que siente.
224- Josafat.

a Malco, y Christo poniéndosela en su lugar, seyendo[225] preso como malhechor, le llevan el valle abajo y después la cuesta arriba para la casa de Anás.

[202] **2º preámbulo**. El segundo es ver el lugar: será aquí considerar el camino desde monte Sión al valle de Josaphar, y ansimismo el huerto, si ancho, si largo, si de una manera, si de otra.

[203] **3º preámbulo**. El tercero es demandar lo que quiero, lo cual es proprio de demandar en la passión, dolor con Christo doloroso, quebranto[226] con Christo quebrantado, lágrimas, pena interna de tanta pena que Christo passó por mí.

[204] **1ª nota**. En esta segunda contemplación, después que está puesta la oración preparatoria con los tres preámbulos ya dichos, se terná[227] la misma forma de proceder por los punctos y coloquio que se tuvo en la primera contemplación de la cena; y a la hora de missa y vísperas, se harán dos repeticiones sobre la primera y segunda contemplación, y después antes de cena se traerán los sentidos sobre las dos sobredichas contemplaciones, siempre preponiendo[228] la oración preparatoria y los tres preámbulos, según la subiecta materia[229], de la misma forma que está dicho y declarado en la segunda semana.

[205] **2ª nota**. Según la edad, disposición y temperatura[230] ayuda a la persona que se exercita, hará cada día los cinco exercicios o menos.

[206] **3ª nota**. En esta tercera semana se mudarán en parte la segunda y sexta addición; la segunda será, luego en despertándome, poniendo delante de mí a donde voy y a qué, resumiendo un poco la contemplación que quiero hacer, según el misterio fuere esforzándome, mientras me levanto y me visto, en entristecerme y dolerme de tanto dolor y de tanto padescer de Christo nuestro Señor.

La sexta se mudará, no procurando de traer[231] pensamientos alegres, aunque buenos y sanctos, así como son de resurrección y de gloria, mas antes induciendo a mí mismo a dolor y a pena y quebranto, trayendo en memoria freqüente los trabajos, fatigas y dolores de Christo nuestro

225- siendo.
226- o tormento.
227- tendrá.
228- poniendo al principio.
229- los misterios y lo que se busca en esta semana.
230- temperamento.
231- fomentar.

Señor, que passó desde el puncto que nasció hasta el misterio de la passión en que al presente me hallo.

[207] **4ª nota**. El examen particular sobre los exercicios y addiciones presentes se hará, así como se ha hecho en la semana passada.

[208] **2º día.** El segundo dia a la media noche, la contemplación será desde el huerto a casa de Anás inclusive, núm. [291], y a la mañana, de casa de Anás a casa de Cayphás inclusive, núm. [292], después las dos repetitiones y el traer de los sentidos, según que está ya dicho.

3º día. El tercero dia a la media noche, de casa de Caypfás a Pilato inclusive, núm. [293], y a la mañana, de Pilato a Herodes inclusive, núm. [294], y después las repeticiones y sentidos por la misma forma que está ya dicho.

4º día. El quarto dia a la media noche, de Herodes a Pilato, núm. [295], haciendo y contemplando hasta la mitad de los misterios de la misma casa de Pilato, y después, en el exercicio de la mañana, los otros misterios que quedaron de la misma casa, y las repeticiones y los sentidos como está dicho.

5º día. El quinto dia a la media noche, de casa de Pilato hasta ser puesto en crux, núm. [296], y a la mañana, desde que fue alzado en crux hasta que espiró, núm. [297], después las dos repeticiones y los sentidos.

6º día. El sexto dia a la media noche, desde la crux, descendiéndole[232] hasta el monumento exclusive, núm [298], y a la mañana, desde el monumento inclusive hasta la casa donde Nuestra Señora fue después de sepultado su Hijo.

7º día. El septimo dia, contemplación de toda la pasión junta en el exercicio de la media noche y de la mañana, y en lugar de las dos repeticiones y de los sentidos, considerar todo aquel día, quanto más freqüente podrá, cómo el cuerpo sacratíssimo de Christo nuestro Señor quedó desatado y apartado del ánima, y dónde y cómo sepultado. Asimismo considerando la soledad de Nuestra Señora con tanto dolor y fatiga; después, por otra parte, la de los discípulos.

[209] Nota. Es de notar que quien más se quiere alargar en la passión, ha de tomar en cada contemplación menos misterios, es a saber, en la primera contemplación solamente la cena; en la 2ª el lavar los pies; en la 3ª el darles el sacramento; en la 4ª el sermón que Christo les hizo, y

---

232- con el descendimiento.

assí por las otras contemplaciones y misterios. Asimismo, después de acabada la passión, tome un día entero la mitad de toda la passión, y el 2 día la otra mitad, y el 3 día toda la pasión. Por el contrario, quien quisiere más abreviar en la passión, tome a la media noche la cena; a la mañana, el huerto; a la hora de missa, la casa de Anás; a la hora de vísperas, la casa de Cayphás; en lugar de la hora antes de cena, la casa de Pilato; de manera que no haciendo repeticiones ni el traer de los sentidos, haga cada día cinco exercicios distinctos, y en cada uno[233] exercicio distincto misterio de Christo nuestro Señor; y después de assí acabada toda la passión, puede hacer otro día toda la passión junta en un exercicio o en diversos, como más le parescerá que aprovecharse podrá.

Sobre El Comer

[210] Reglas para ordenarse en el comer para adelante.

1ª regla es, que del pan conviene menos abstenerse, porque no es manjar sobre el qual el apetito se suele tanto desordenar, o a que[234] la tentación insista como a[235] los otros manjares.

[211] **2ª regla**: acerca del beber paresce más cómoda[236] la abstinencia, que no acerca el[237] comer del pan; por tanto, se debe mucho mirar lo que hace provecho, para admitir[238] y lo que hace daño, para lanzallo[239].

[212] **3ª regla**: acerca de los manjares se debe tener[240] la mayor y más entera abstinencia; porque así el apetito en desordenarse como la tentación en investigar[241] son más promptos[242] en esta parte, y así la abstinencia en los manjares para evitar dessorden, se puede tener en dos maneras: la una en habituarse a comer manjares gruesos[243], la otra, si delicados[244], en poca quantidad[245].

233- un.
234- hacia el cual.
235- hacia.
236- práctica y aplicable.
237- del.
238- admitirlo.
239- desecharlo.
240- es menester guardar.
241- lo más apetitoso, o en instigar o insistir.
242- están más prontos.
243- comunes y bastos.
244- son exquisitos, tomándolos.
245- cantidad.

[213] **4ª regla:** guardándose que[246] no caiga en enfermedad, quanto más hombre[247] quitare de lo conveniente, alcanzará más presto el medio que debe tener en su comer y beber, por dos razones: la primera, porque, así ayudándose[248] y disponiéndose[249], muchas veces sentirá[250] más las internas noticias[251], consolaciones y divinas inspiraciones para mostrársele el medio que le conviene; la segunda, si la persona se vee[252] en la tal abstinencia, y no con tanta fuerza corporal ni disposición para los exercicios spirituales fácilmente vendrá a juzgar lo que conviene más a su sustentación corporal.

[214] **5ª regla**: mientras la persona come, considere como que vee[253] a Christo nuestro Señor comer con sus apóstoles, y cómo bebe, y cómo mira, y cómo habla; y procure de imitarle. De manera que la principal parte del entendimiento se occupe en la consideración de nuestro Señor, y la menor en la sustentación corporal, porque assí tome mayor concierto y orden de cómo se debe haber y gobernar[254].

[215] **6ª regla:** otra vez mientras come, puede tomar otra consideración o de vida de sanctos o de alguna pía contemplación o de algún negocio spiritual que haya de hacer; porque estando en la tal cosa attento, tomará menos delectación y sentimiento en el manjar corporal.

[216] **7ª regla:** sobre todo se guarde que no esté todo su ánimo intento[255] en lo que come, ni en el comer vaya apresurado por el apetito; sino que sea señor de sí, ansí en la manera del comer como en la quantidad[256] que come.

[217] **8ª regla:** para quitar dessorden mucho aprovecha que, después de comer o después de cenar o en otra hora que no sienta apetito de comer, determine consigo para la comida o cena por venir, y ansí consequenter[257] cada día, la cantidad que conviene que coma; de la

---

246- de que.
247- uno.
248- poniendo medios.
249- con ellos.
250- experimentará.
251- o luces.
252- ve de hecho.
253- si viera.
254- a la mesa.
255- puesto.
256- cantidad.
257- así sucesivamente.

qual por ningún apetito ni tentación pase adelante, sino antes por más vencer todo apetito desordenado y tentación del enemigo, si es tentado a comer más, coma menos.

"Los Ejercicios son uno de los libros más venerables
salidos de manos de hombres porque si la Imitación
de Cristo ha enjugado más lágrimas, los Ejercicios han
producido más conversiones y más santos"

De Causette

CUARTA SEMANA

[218] La primera contemplación como Christo Nuestro Señor aparesció a Nuestra Señora, num. [299]

Oración. La sólita oración preparatoria.

[219] **1º preámbulo** es la historia, que es aquí cómo después que Christo espiró en la cruz, y el cuerpo quedó separado del ánima y con él siempre unida la Divinidad, la ánima beata descendió al infierno, asimismo unida con la Divinidad; de donde sacando a las ánimas justas y veniendo[258] al sepulchro y resuscitado, aparesció a su bendita Madre en cuerpo y en ánima.

[220] **2º preámbulo:** composición viendo el lugar, que será aquí, ver la disposición del sancto sepulchro, y el lugar o casa de nuestra Señora, mirando las partes della en particular, asimismo la cámara, oratorio, etc..

[221] **3º preámbulo**: demandar lo que quiero, y será aquí pedir gracia para me alegrar y gozar intensamente de tanta gloria y gozo de Christo nuestro Señor.

[222] **1º puncto. 2º puncto. 3º puncto**. El primero, 2º y 3º puncto sean los mismos sólitos que tuvimos en la cena de Christo nuestro Señor, núm. [190].

[223] **4º puncto:** considerar cómo la Divinidad, que parescía esconderse en la passión, paresce y se muestra agora tan miraculosamente[259] en la sanctíssima resurrección, por los verdaderos y sanctíssimos effectos della.

[224] **5º puncto**: mirar el officio de consolar, que Christo nuestro Señor trae, y comparando cómo unos amigos suelen consolar a otros.

[225] **Coloquio.** Acabar con un coloquio o coloquios, según subiecta materia[260] y un Pater noster.

258- viniendo.
259- milagrosamente.
260- las disposiciones actuales de espíritu.

[226] **1ª nota**. En las contemplaciones siguientes se proceda por todos los misterios de la resurrección, de la manera que abaxo se sigue, hasta la ascensión inclusive, llevando y teniendo en lo restante la misma forma y manera en toda la semana de la resurrección que se tuvo en toda la semana de la passión. De suerte que por esta primera contemplación de la resurrección se rija en quanto[261] los preámbulos, según subiecta materia[262]; y en quanto[263] los cinco punctos sean los mismos; y las addiciones que están abajo sean las mismas; y ansí en todo lo que resta se puede regir por el modo de la semana de la passión, así como en repeticiones, cinco sentidos, en acortar o alargar los misterios, etc.

[227] **2ª nota**. La segunda nota: comúnmente en esta quarta semana es más conveniente que en las otras tres passadas, hacer quatro exercicios y no cinco: el primero, luego en levantando[264] a la mañana; el 2 a la hora de missa o antes de comer, en lugar de la primera repetición; el 3 a la hora de vísperas en lugar de la segunda repetición; el 4 antes de cenar, trayendo los cinco sentidos sobre los tres exercicios del mismo día, notando y haciendo pausa en las partes más principales, y donde haya sentido mayores mociones y gustos spirituales.

[228] **3ª nota**. La tercera, dado que en todas las contemplaciones se dieron tantos punctos por número cierto[265], así como tres o cinco, etc., la persona que contempla puede poner más o menos punctos, según que[266] mejor se hallare; para lo qual mucho aprovecha antes de entrar en la contemplación coniecturar[267] y señalar los punctos, que ha de tomar en cierto número[268].

[229] **4ª nota**. En esta 4ª semana en todas las diez addiciones se han de mudar la 2ª, la 6ª, la 7ª, y la 10ª. La 2ª será luego en despertándome, poner enfrente la contemplación que tengo de hacer, queriéndome affectar [269]y alegrar de tanto gozo y alegría de Christo nuestro Señor. La 6ª traer a la memoria y pensar cosas motivas[270] a placer, alegría y gozo espiritual, así como de gloria. La 7ª usar de claridad o de temporales

261- a.
262- los misterios y lo que se busca en esta semana.
263- a.
264- levantándose.
265- fijo.
266- como.
267- conjeturar, prever.
268- número determinado.
269- impresionar.
270- que causan.

cómmodos[271], así como en el verano de frescura, y en el hibierno[272] de sol o calor[273], en quanto el ánima piensa o coniecta[274] que la puede ayudar, para se gozar en su Criador y Redemptor. La 10ª, en lugar de la penitencia, mire la temperancia y todo medio[275], si no es en preceptos de ayunos o abstinencias que la Iglesia mande, porque aquellos[276] siempre se han de complir[277], si no fuere[278] justo impedimento.

[230] CONTEMPLACIÓN PARA ALCANZAR AMOR.

Nota. primero conviene advertir en dos cosas:

La primera es que el amor se debe poner más en las obras que en las palabras.

[231] La 2ª, el amor consiste en comunicación de las dos partes, es a saber, en dar y comunicar el amante al amado lo que tiene o de lo que tiene o puede, y así, por el contrario, el amado al amante; de manera que si el uno tiene sciencia, dar[279] al que no la tiene, si honores, si riquezas, y así el otro al otro[280]. Oración sólita.

[232] **1º preámbulo** es composición, que es aquí ver cómo estoy delante de Dios nuestro Señor, de los ángeles, de los sanctos interpelantes[281] por mí.

[233] **2º preámbulo**, pedir lo que quiero: será aquí pedir cognoscimiento [282]interno de tanto bien recibido, para que yo enteramente reconosciendo, pueda en todo amar y servir a su divina majestad.

[234] **1º puncto** es traer a la memoria los beneficios rescibidos de creación, redempción y dones particulares, ponderando con mucho afecto quánto ha hecho Dios nuestro Señor por mí y quánto me ha

---

271- temperatura favorable.
272- invierno.
273- artificial, de fuego.
274- conjetura.
275- templanza y el justo medio en todo.
276- estos.
277- cumplir.
278- hubiere.
279- dé.
280- a este.
281- intercediendo.
282- conocimiento.

dado de lo que tiene y consequenter el mismo Señor desea dárseme en quanto puede según su ordenación divina. Y con esto reflectir, en mí mismo, considerando con mucha razón y justicia lo que yo debo de mi parte offrescer y dar a la su divina majestad, es a saber, todas mis cosas y a mí mismo con ellas, así como quien offresce affectándose mucho[283]: Tomad, Señor, y recibid toda mi libertad, mi memoria, mi entendimiento y toda mi voluntad, todo mi haber y mi poseer; Vos me lo distes, a Vos, Señor, lo torno; todo es vuestro, disponed a toda vuestra voluntad; dadme vuestro amor y gracia, que ésta me basta.

[235] **2º puncto** mirar cómo Dios habita en las criaturas, en los elementos dando ser, en las plantas vejetando, en los animales sensando, en los hombres dando entender; y así en mí dándome ser, animando, sensando, y haciéndome entender; asimismo haciendo templo de mí seyendo criado[284] a la similitud[285] y imagen de su divina majestad; otro tanto reflitiendo en mí mismo, por el modo que está dicho en el primer puncto o por otro que sintiere mejor. De la misma manera se hará sobre cada puncto que se sigue.

[236] **3º puncto** considerar cómo Dios trabaja y labora por mí[286] en todas cosas criadas sobre la haz de la tierra, id est, habet se ad modum laborantis[287]. Así como en los cielos, elementos, plantas, fructos, ganados, etc., dando ser, conservando, vejetando y sensando, etc. Después reflectir en mí mismo.

[237] **4º puncto** mirar cómo todos los bienes y dones descienden de arriba, así como la mi medida potencia de la summa y infinita de arriba, y así justicia, bondad, piedad, misericordia, etc., así como del sol descienden los rayos, de la fuente las aguas, etc. Después acabar reflictiendo en mí mismo según está dicho. Acabar con un coloquio y un Pater noster.

[238] Tres modos de orar, y 1º sobre mandamientos.

283- con mucho afecto.
284- siendo o estando, habiéndome criado.
285- semejanza.
286- para mi bien.
287- (esto es, se ha como quien trabaja).

La primera manera de orar es cerca²⁸⁸ de los diez mandamientos, y de los siete peccados mortales²⁸⁹, de las tres potencias del ánima, y de los cinco sentidos corporales; la qual manera de orar es más dar forma, modo y exercicios, cómo el ánima se apareje y aproveche en ellos, y para que la oración sea acepta, que no dar forma ni modo alguno de orar.

[239] Primeramente se haga el equivalente de la 2ª addición de la 2ª semana, es a saber, ante²⁹⁰ de entrar en la oración repose un poco el spíritu asentándose o paseándose, como mejor le parescerá, considerando a dónde voy y a qué: y esta misma addición se hará al principio de todos²⁹¹ modos de orar.

[240] **Oración**. Una oración preparatoria, así como pedir gracia a Dios nuestro Señor, para que pueda conoscer en lo que²⁹² he faltado acerca²⁹³ los diez mandamientos, y assimismo pedir gracia y ayuda para me enmendar²⁹⁴ adelante, demandando perfecta inteligencia dellos para mejor guardallos²⁹⁵, y para mayor gloria y alabanza de su divina majestad.

[241] Para el primer modo de orar conviene considerar y pensar en el primer mandamiento cómo le he guardado, y en qué he faltado, teniendo regla por espacio de quien dice tres veces Pater noster y tres veces Ave María, y si en este tiempo hallo faltas mías, pedir venia²⁹⁶ y perdón dellas, y decir un Pater noster; y desta misma manera se haga en cada uno de todos los diez mandamientos.

[242] **1ª nota.** Es de notar que quando hombre²⁹⁷ viniere a pensar en un mandamiento, en el qual halla que no tiene hábito ninguno de pecar, no es menester que se detenga tanto tiempo; mas según que hombre²⁹⁸ halla en sí que más o menos estropieza²⁹⁹ en aquel mandamiento, así

288- acerca de.
289- o capitales.
290- antes.
291- los.
292- que.
293- de.
294- en.
295- guardarlos.
296- o remisión.
297- uno.
298- uno.
299- tropieza.

debe más o menos detenerse en la consideración y escrutinio[300] dél, y lo mismo se guarde en los peccados mortales.

[243] **2ª nota**. Después de acabado el discurso[301] ya dicho sobre todos los mandamientos, acusándome en ellos, y pidiendo gracia y ayuda para enmendarme[302] adelante, hase de acabar con un coloquio a Dios nuestro Señor según subiecta materia[303].

[244] 2º SOBRE PECCADOS MORTALES.

Acerca de los siete peccados mortales, después de la addición, se haga la oración preparatoria, por la manera ya dicha, sólo mudando que la materia aquí es de peccados que se han de evitar, y antes era de mandamientos, que se han de guardar, y assimismo se guarde la orden y regla ya dicha y el coloquio.

[245] Para mejor conoscer las faltas hechas en los peccados mortales, mírense sus contrarios, y así para mejor evitarlos proponga y procure la persona con sanctos exercicios adquirir y tener las siete virtudes a ellos contrarias.

[246] 3º SOBRE LAS POTENCIAS DEL ANIMA.

Modo. En las tres potencias del ánima se guarde la misma orden y regla que en los mandamientos, haciendo su addición, oración preparatoria y coloquio.

[247] 4º SOBRE LOS CINCO SENTIDOS CORPORALES.

Modo. Cerca los cinco sentidos corporales se tendrá siempre la misma orden, mudando la materia dellos[304].

[248] **Nota.** Quien quiere imitar en el uso de sus sentidos a Christo nuestro Señor, encomiéndese en la oración preparatoria a su divina majestad; y después de[305] considerado en cada un sentido, diga un Ave María o un Pater noster, y quien quisiere imitar en el uso de los sentidos a nuestra Señora, en la oración preparatoria se encomiende a ella, para que le alcance gracia de su Hijo y Señor para ello; y después de considerado en cada un sentido, diga un Ave María.

300- examen.
301- recorrido.
302- en.
303- lo que sintiere necesitar más.
304- conforme a ellos.
305- haber.

[249] Segundo modo de orar es contemplando la significacion de cada palabra de la oracion.

[250] **Addición.** La misma addición que fue en el primer modo de orar (núm. [239]) será en este segundo.

[251] **Oración.** La oración preparatoria se hará conforme a la persona a quien se endereza la oración.

[252] **2º modo de orar.** El segundo modo de orar es que la persona, de rodillas o asentado, según la mayor disposición en que se halla y más devoción le acompaña, teniendo los ojos cerrados o hincados[306] en un lugar sin andar con ellos variando, diga Pater, y esté en la consideración desta palabra tanto tiempo, quanto halla significaciones, comparaciones, gustos y consolación en consideraciones pertinentes a[307] la tal palabra, y de la misma manera haga en cada palabra del Pater noster o de otra oración cualquiera que[308] desta manera quisiere orar.

[253] **1ª regla.** La primera regla es que estará de la manera ya dicha una hora en todo el Pater noster, el qual acabado dirá un Ave María, Credo, Anima Christi y Salve Regina vocal o mentalmente, según la manera acostumbrada.

[254] **2ª regla.** La segunda regla es que si la persona que contempla el Pater noster hallare en una palabra o en dos tan buena materia que pensar y gusto y consolación, no se cure[309] pasar adelante, aunque se acabe la hora en aquello que halla, la qual acabada, dirá la resta[310] del Pater noster en la manera acostumbrada.

[255] **3ª regla.** La tercera es, que si en una palabra o dos del Pater noster se detuvo por una hora entera, otro día quando querrá tornar a la oración, diga la sobredicha palabra o las dos según que suele[311]; y en la palabra que se sigue inmediatamente comience a contemplar, según que[312] se dixo en la segunda regla.

[256] **1ª nota.** Es de advertir que acabado el Pater noster en uno o en muchos días, se ha de hacer lo mismo con el Ave María y después con

---

306- fijos.
307- a propósito de.
308- con que.
309- se cuide, tenga ansia de.
310- lo que resta.
311- en la manera acostumbrada.
312- como.

las otras oraciones, de forma que por algún tiempo siempre se exercite en una dellas.

[257] **2ª nota.** La 2ª nota es que acabada la oración, en pocas palabras convirtiéndose a la persona a quien ha orado, pida las virtudes o gracias de las quales siente tener más necesidad.

[258] Tercer modo de orar será por compás.

Addicción. La addición será la misma que fue en el primero y segundo modo de orar. Oración. La oración preparatoria será como en el segundo modo de orar. 3º modo de orar. El tercero modo de orar es que con cada un anhélito o resollo[313] se ha de orar mentalmente diciendo una palabra del Pater noster o de otra oración que se rece, de manera que una sola palabra se diga entre un anhélito y otro, y mientras durare el tiempo de un anhélito a otro, se mire principalmente en la significación de la tal palabra, o en la persona a quien reza, o en la baxeza de sí mismo, o en la differencia de tanta alteza a tanta baxeza propia; y por la misma forma y regla procederá en las otras palabras del Pater noster; y las otras oraciones, es a saber: Ave María, Anima Christi, Credo y Salve Regina hará según que suele[314].

[259] **1ª regla**. La primera regla es que en el otro día o en otra hora que quiera orar, diga el Ave María por compás, y las otras oraciones según que suele, y así conseqüentemente procediendo[315] por las otras.

[260] **2ª regla**. La segunda es que quien quisiere detenerse más en la oración por compás, puede decir todas las sobredichas oraciones o parte dellas, llevando la misma orden del anhélito por compás, como está declarado.

[261] Los misterios de la vida de Christo Nuestro Señor.

Nota. Es de advertir en todos los misterios siguientes que todas las palabras que están incluidas en parénthesis son del mismo Evangelio, y no las que están de fuera; y en cada misterio por la mayor parte hallarán[316] tres punctos para meditar y contemplar en ellos con mayor facilidad.

313- resuello (aliento o respiración).
314- en la manera acostumbrada.
315- de esta manera después proceda.
316- se hallarán.

[262] De la annunciación de Nuestra Señora escribe sant Lucas en el primero capítulo, v.26-38.

1º El primer puncto es que el ángel Sant Gabriel, saludando a nuestra Señora, le sinificó[317] la concepción de Christo nuestro Señor: (Entrando el ángel adonde estaba María, la saludó, diciéndole: Dios te salve, llena de gracia; concebirás en tu vientre, y parirás un hijo).

2º El segundo: confirma el ángel lo que dixo a nuestra Señora, significando la concepción de Sant Joán Baptista, diciéndole: (Y mira que Elisabet, tu parienta, ha concebido un hijo en su vejez).

3º El tercio: respondió al ángel nuestra Señora: (He aquí la sierva del Señor; cúmplase en mí según tu palabra).

[263] De la visitación de nuestra señora a Elisabet dice sant Lucas en el primero capítulo, v.39-56.

1º Primero: como nuestra Señora visitase a Elisabet, Sant Joán Baptista, estando en el vientre de su madre, sintió la visitación que hizo nuestra Señora: (Y como oyése Elisabet la salutación de nuestra Señora, gozóse el niño en el vientre della, y, llena del Spíritu Sancto, Elisabet exclamó con una gran voz y dixo: Bendita seas tú entre las mugeres, y bendito sea el fructo de tu vientre).

2º Segundo: Nuestra Señora canta el cántico diciendo: (Engrandece mi ánima al Señor).

3º Tercio: (María estuvo con Elisabet quasi tres meses, y después se tornó a su casa).

[264] Del nacimiento de Christo Nuestro Señor dice sant Lucas en el capítulo II, v.1-14.

1º Primero: Nuestra Señora y su esposo Joseph van de Nazaret a Bethlém: (Ascendió Joseph de Galilea a Bethlém, para conocer subiección a César con María su esposa y muger ya preñada).

2º Segundo: (Parió su Hijo primogénito y lo embolvió con paños y lo puso en el pesebre).

3º Tercio: (Llegóse una multitud de exército celestial que decía: Gloria sea a Dios en los cielos).

[265] De los pastores escribe sant Lucas en el capítulo II, v.8-20.

317- significó.

1º Primero: La natividad de Christo nuestro Señor se manifiesta a los pastores por el ángel: (Manifesto a vosotros grande gozo, porque hoy es nascido el Salvador del mundo).

2º Segundo: Los pastores van a Bethlém: (venieron[318] con priesa y hallaron a María y a Joseph y al Niño puesto en el pesebre).

3º Tercio: (Tornaron los pastores glorificando y laudando[319] al Señor).

[266] De la circuncissión escribe sant Lucas en el capítulo II, v.21.

1º Primero: circuncidaron al Niño Jesú.

2º Segundo: (El nombre dél es[320] llamado Jesús, el qual es[321] nombrado del ángel ante[322] que en el vientre se concibiese). 3º

3º Tercio: tornan el Niño a su Madre, la qual tenía compassión de la sangre que de su Hijo salía.

[267] DE LOS TRES REYES MAGOS ESCRIBE SANT MATHEO EN EL CAPÍTULO II, v.1-12.

1º Primero: los tres reyes magos, guiándose por la estrella vinieron a adorar a Jesú, diciendo: (Vimos la estrella dél en oriente y venimos a adorarle).

2º Segundo: le adoraron y le offrescieron dones: (Prostrándose por tierra lo adoraron y le presentaron dones, oro, encienso[323] y mirra).

3º Tercio: (Rescibieron respuesta estando dormiendo[324] que no tornasen a Herodes, y por otra vía tornaron a su región).

[268] DE LA PURIFICACIÓN DE NUESTRA SEÑORA Y REPRESENTACIÓN[325] DEL NIÑO JESÚ ESCRIBE SANT LUCAS, CAPÍTULO II, v.22-39.

318- vinieron.
319- alabando.
320- fue.
321- fue.
322- antes.
323- incienso.
324- durmiendo.
325- presentación.

1º Primero: traen al Niño Jesús al templo, para que sea representado[326] al Señor como primogénito, y offrescen por él (un par de tórtolas o dos hijos de palomas).

2º Segundo: Simeón veniendo[327] al templo (tomólo en sus brazos), diciendo: (Agora, Señor, dexa a tu siervo en paz).

3º Tercio: Anna (veniendo[328] después confessaba al Señor y hablaba dél a todos los que esperaban la redempción de Israel).

[269] De la huida ha Egipto escribe sant Matheo en el capítulo II, v.13-18.

1º Primero: Herodes quería matar al Niño Jesú, y así mató los innocentes, y ante[329] de la muerte dellos amonestó el ángel a Joseph que huyese a Egipto: (Levántate y toma el Niño y a su Madre y huye a Egipto).

2º Segundo: Partióse para Egipto: (El cual levantándose de noche partióse a Egipto).

3º Tercio: (Estuvo allí hasta la muerte de Herodes).

[270] De cómo Christo Nuestro Señor tornó de Egipto escribe sant Matheo en el capítulo II, v.19-23.

1º Primero: el ángel amonesta a Joseph para que torne a Israel: (Levántate y toma el Niño y su Madre y va[330] a la tierra de Israel).

2º Segundo: (Levantándose vino en la tierra de Israel).

3º Tercio: Porque reinaba Archelao, hijo de Herodes, en Judea, retráxosse[331] en Nazaret.

[271] De la vida de Christo Nuestro Señor desde los doce años hasta los treinta escribe sant Lucas en el capítulo II, v.51-52.

1º Primero: era obediente a sus padres: (Aprovechaba en sapiencia, edad y gracia).

326- presentado.
327- viniendo.
328- viniendo.
329- antes.
330- ve.
331- retiróse a.

2º Segundo: Parece que exercitaba la arte de carpintero, como muestra significar Sant Marco en el capítulo sexto: (¿Por aventura³³² es éste aquel carpintero?).

[272] DE LA VENIDA DE CHRISTO AL TEMPLO QUANDO ERA DE EDAD DE DOCE AÑOS ESCRIBE SANT LUCAS EN EL CAPÍTULO II, V.41-50.

1º Primero. Christo nuestro Señor de edad de doce años ascendió de Nazaret a Hierusalém.

2º Segundo: Christo nuestro Señor quedó en Hierusalém, y no lo supieron sus parientes³³³.

3º Tercio: Passados los tres días le hallaron disputando en el templo, y asentado en medio de los doctores, y demandándole sus padres dónde había estado, respondió: (¿No sabéis que en las cosas que son de mi Padre me conviene estar?).

[273] DE CÓMO CHRISTO SE BAPTIZÓ ESCRIBE SANT MATHEO EN EL CAPÍTULO III, V.13-17.

1º Primero: Christo nuestro Señor, después de haberse despedido de su bendita Madre, vino desde Nazaret al río Jordán, donde estaba Sant Joán Baptista.

2º Segundo: Sant Joán baptizó a Christo nuestro Señor, y queriéndose escusar, reputándose indigno de lo baptizar, dícele Christo: (Haz esto por el presente, porque assí es menester que cumplamos toda la justicia).

3º Tercio: (Vino el Espíritu Sancto y la voz del Padre desde el cielo, afirmando: Este es mi Hijo amado, del qual estoy muy satisfecho).

[274] DE CÓMO CHRISTO FUE TENTADO ESCRIBE S. LUCAS EN EL CAPÍTULO IV, V.1-13, Y MATHEO, CAPÍTULO IV, V.1-11.

1º Primero: después de haberse bautizado fue al desierto, donde ayunó quarenta días y quarenta noches.

2º Segundo: fue tentado del enemigo tres veces: (Llegándose a él el tentador le dice: Si tú eres Hijo de Dios, di que estas piedras se tornen en pan; échate de aquí abaxo; todo esto que vees te daré si prostrado en tierra me adorares).

3º Tercio: (Vinieron los ángeles y le servían).

332- ventura.
333- padres.

[275] Del llamamiento de los apóstoles.

1º **Primero:** tres veces parece que son llamados Sant Pedro y Sant Andrés: primero a cierta noticia; esto consta por Sant Joán en el primero capítulo; secundariamente[334] a seguir en alguna manera a Christo con propósito de tornar a poseer lo que habían dexado, como dice S. Lucas en el capítulo quinto; terciamente[335] para seguir para siempre a Christo nuestro Señor, Sant Matheo en el cuarto capítulo, y S. Marco en el primero.

2º **Segundo:** Llamó a Philipo, como está en el primero capítulo de Sant Joán, y a Matheo, como el mismo Matheo dice en el nono capítulo.

3º **Tercio:** Llamó a lo otros apóstoles de cuya especial vocación no hace mención el evangelio.

Y también tres otras[336] cosas se han de considerar: la primera, cómo los apóstoles eran de ruda y baxa condición; la segunda, la dignidad a la qual fueron tan suavemente llamados; la tercera, los dones y gracias por las quales fueron elevados sobre todos los padres del nuevo y viejo testamento.

[276] Del primero milagro hecho en las bodas de Caná[337] Galilea escribe S. Joán, capítulo II, v.1-11.

1º **Primero:** fue convidado Christo nuestro Señor con sus discípulos a las bodas.

2º **segundo:** La Madre declara al Hijo la falta del vino diciendo: (No tienen vino); y mandó a los servidores: (Haced qualquiera cosa que os dixere).

3º **Tercio:** (Convertió[338] el agua en vino, y manifestó su gloria, y creyeron en él sus discípulos).

[277] De cómo Christo echó fuera del templo los que vendían escribe S. Joán, capítulo II, v.13-22.

1º **Primero:** Echó todos los que vendían fuera del templo con un azote hecho de cuerdas.

334- segundamente, segundo.
335- tercero.
336- otras tres.
337- de.
338- convirtió.

2º Segundo: Derrocó las mesas y dineros de los banqueros ricos que estaban en el templo.

3º Tercio: A los pobres que vendían palomas mansamente dixo: (Quitá[339] estas cosas de aquí y no quieráys hacer mi cassa cassa de mercadería[340]).

[278] Del sermón que hizo Christo en el monte escribe S. Matheo en el capítulo V.

1º Primero: A sus amados discípulos aparte habla de las ocho beatitúdines[341]: (Bienaventurados los pobres de espíritu, los mansuetos[342], los misericordiosos, los que lloran, los que passan hambre y sed por la justicia, los limpios de corazón, los pacíficos, y los que padescen persecuciones).

2º Segundo: Los exorta para que usen bien de sus talentos: (Assí vuestra luz alumbre delante[343] los hombres, para que vean vuestras buenas obras y glorifiquen vuestro Padre, el qual está en los cielos).

3º Tercio: Se muestra no transgresor de la ley, mas consumador, declarando el precepto de no matar, no fornicar, no perjurar, y de amar los enemigos: (Yo os digo a vosotros que améys a vuestros enemigos y hagáys bien a los que os aborrescen).

[279] De cómo Christo Nuestro Señor hizo sosegar la tempestad del mar escribe S. Matheo, capítulo VIII, v.23-27.

1º Primero: Estando Christo nuestro Señor dormiendo[344] en la mar, hízose una gran tempestad.

2º Segundo: Sus discípulos, atemorizados, lo despertaron a los quales por la poca fe que tenían reprehende diciéndoles: (¿Qué teméis, apocados de fe?).

3º Tercio: Mandó a los vientos y a la mar que cessassen, y así cesando se hizo tranquila la mar, de lo qual se maravillaron los hombres diciendo: (¿Quién es éste, al qual el viento y la mar obedescen?).

339- Quitad.
340- mercaduría, contratación.
341- bienaventuranzas.
342- mansos
343- de.
344- durmiendo.

[280] DE CÓMO CHRISTO ANDABA SOBRE LA MAR ESCRIBE SANT MATHEO, CAPÍTULO XIV, V.22-33.

1º Primero: Stando Christo nuestro Señor en el monte, hizo que sus discípulos se fuesen a la navecilla, y, despedida la turba, comenzó a hacer oración solo.

2º Segundo: La navecilla era combatida de las ondas, a la qual Christo viene andando sobre el agua, y los discípulos pensaban que fuese fantasma.

3º Tercio: Diciéndoles Christo: (Yo soy, no queráys temer). Sant Pedro, por su mandamiento, vino a él andando sobre el agua, el qual dudando comenzó a sampuzarse[345], mas Christo nuestro Señor lo libró, y le reprehendió de su poca fe, y después entrando en la navecilla cessó el viento.

[281] DE CÓMO LOS APÓSTOLES FUERON EMBIADOS A PREDICAR ESCRIBE SANT MATHEO, CAPÍTULO X, V.1-16.

1º Primero: Llama Christo a sus amados discípulos, y dales potestad de echar los demonios de los cuerpos humanos y curar todas las enfermedades.

2º Segundo: Enséñalos de prudencia y paciencia: (Mirad que os envío a vosotros como ovejas en medio de lobos; por tanto, sed prudentes como serpientes, y símplices[346] como palomas).

3º Tercio: Dales el modo de ir: (No queráys poseer oro ni plata; lo que graciosamente[347] recibís, dadlo[348] graciosamente); y dióles materia de predicar: (Yendo predicaréis diciendo: ya se ha acercado el reyno de los cielos).

[282] DE LA CONVERSIÓN DE LA MAGDALENA ESCRIBE S. LUCAS, CAPÍTULO VII, V.36-50.

1º Primero: Entra la Magdalena adonde está Christo nuestro Señor asentado a la tabla[349] en casa del phariseo, la qual traía un vaso de alabastro lleno de ungüento.

345- zampuzarse, zambullirse, sumergirse.
346- sencillos, simples.
347- gratuitamente.
348- dadlo.
349- mesa.

2º Segundo: Estando detrás del Señor, cerca[350] sus pies, con lágrimas los comenzó de regar, y con los cabellos de su cabeza los enxugaba, y bessaba sus pies, y con ungüento los untaba[351].

3º Tercio: Como el phariseo acusase a la Magdalena, habla Christo en defensión della, diciendo: (Perdónanse a ella muchos peccados, porque amó mucho; y dixo a la muger: Tu fe te ha hecho salva, vete en paz).

[283] DE CÓMO CHRISTO NUESTRO SEÑOR DIO A COMER A CINCO MIL HOMBRES ESCRIBE S. MATHEO, CAPÍTULO XIV, V.13-21.

1º Primero: los discípulos, como ya se hiciese tarde, ruegan a Christo que despida la multitud de hombres que con él eran[352].

2º Segundo: Christo nuestro Señor mandó que le truxesen[353] panes, y mandó que se asentassen a la tabla[354], y bendixo, y partió, y dió a sus discípulos los panes, y los discípulos a la multitud.

3º Tercio: (Comieron y hartáronse, y sobraron doce espuertas).

[284] DE LA TRANSFIGURACIÓN DE CHRISTO ESCRIBE S. MATHEO, CAPÍTULO XVII, V.1-19.

1º Primero: Tomando en compañía Christo nuestro Señor a sus amados discípulos Pedro, Jacobo y Joán, transfiguróse, y su cara resplandescía como el sol, y sus vestiduras como la nieve.

2º Segundo: Hablaba con Moisé[355] y Helía[356].

3º Tercio: Diciendo Sant Pedro que hiciesen tres tabernáculos, sonó una voz del cielo que decía: (Este es mi Hijo amado, oídle); la qual voz, como sus discípulos la oyesen, de temor cayeron sobre las caras, y Christo nuestro Señor tocólos, y díxoles: (Levantaos y no tengáis temor; a ninguno digáis esta visión, hasta que el Hijo del hombre resucite).

[285] DE LA RESURRECCIÓN DE LÁZARO, JOANNES, CAPÍTULO XI, V.1- 45.

350- de.
351- ungía.
352- estaban.
353- rajesen.
354- mesa.
355- Moisés.
356- Elías.

1º Primero: Hacen saber a Christo nuestro Señor Marta y María la enfermedad de Lázaro, la qual sabida se detuvo por dos días, para que el milagro fuese más evidente.

2º Segundo: Antes que lo resuscite pide a la una y a la otra que crean diciendo: (Yo soy resurrección y vida; el que cree en mí, aunque sea[357] muerto, vivirá).

3º Tercio: Lo resuscita después de haber llorado y hecho oración; y la manera de resuscitarlo fue mandando: (Lázaro, ven fuera).

[286] DE LA CENA EN BETANIA, MATHEO, CAPÍTULO XXVI, v.6-10.

1º Primero: El Señor cena en casa de Simón el leproso, juntamente con Lázaro.

2º Segundo: Derrama María el ungüento sobre la cabeza de Christo.

3º Tercio: Murmura Judas, diciendo: (¿Para qué es esta perdición de ungüento?); mas él escusa otra vez a Magdalena, diciendo: (¿Porqué soys enojosos a esta muger, pues que ha hecho una buena obra conmigo?).

[287] DOMINGO DE RAMOS, MATHEO, CAPÍTULO XXI, v.1-17.

1º Primero: El Señor enbía por el asna y el pollino diciendo: (Desataldos[358] y traédmelos; y si alguno os dixere alguna cosa, decid que el Señor los ha menester, y luego los dexará).

2º Segundo: Subió sobre el asna cubierta con las vestiduras de los apóstoles.

3º Tercio: Le salen a recebir[359] tendiendo sobre el camino sus vestiduras y los ramos de los árboles y diciendo: (Sálvanos, Hijo de David; bendito el que viene en nombre del Señor. Sálvanos en las alturas).

[288] De la predicación en el templo, Lucas, capítulo XIX, v.47-48.

1º Primero: Estaba cada día enseñando en el templo.

2º Segundo: Acabada la predicación, porque no había quien lo rescibiese en Hierusalém, se volvía a Bethania.

[289] DE LA CENA, MATHEO, XXVI, v.20-30; JOÁN, XIII, v.1-30.

357- haya.
358- Desatadlos.
359- recibir.

1º Primero: Comió el cordero pascual con sus doce apóstoles, a los quales les predixo su muerte: (En verdad os digo que uno de vosotros me ha de vender).

2º Segundo: Lavó los pies de los discípulos, hasta los de Judas, comenzando de Sant Pedro, el qual considerando la majestad del Señor y su propia baxeza, no queriendo consentir, decía: (Señor, ¿tú me lavas a mí los pies?); mas Sant Pedro no sabía que en aquello daba exemplo de humildad, y por eso dixo: (Yo os he dado exemplo, para que hagáis como yo hice).

3º Tercio: Instituyó el sacratíssimo sacrificio de la eucharistía, en grandíssima señal de su amor, diciendo: (Tomad y comed). Acabada la cena, Judas se sale a vender a Christo nuestro Señor.

[290] DE LOS MISTERIOS HECHOS DESDE LA CENA HASTA EL HUERTO INCLUSIVE, MATHEO, CAPÍTULO XXVI, v.30-46; Y MARCO, CAPÍTULO XIV, v.26-42.

1º Primero: El Señor, acabada la cena y cantando el himno, se fue al monte Oliveti[360] con sus discípulos, llenos de miedo; y dexando los ocho en Gethesemaní[361], diciendo: (Sentaos aquí hasta que vaya allí a orar).

2º Segundo: Acompañado de Sant Pedro, Sant Tiago y Sant Joán, oró tres veces al Señor, diciendo: (Padre, si se puede hacer, pase de mí este cáliz; con todo no se haga mi voluntad, sino la tuya; y estando en agonía oraba más prolixamente).

3º Tercio: Vino en tanto temor, que decía: (Triste está mi ánima hasta la muerte); y sudó sangre tan copiosa, que dice Sant Lucas: (Su sudor era como gotas de sangre que corrían en tierra), lo cual ya supone las vestiduras estar llenas de sangre.

[291] DE LOS MISTERIOS HECHOS DESDE EL HUERTO HASTA LA CASA DE ANÁS INCLUSIVE, MATHEO, XXVI, v.47-58; LUCAS, XXII, 47-57; MARCOS, CAPÍTULO XIV, 43-54 Y 66-68.

1º Primero: El Señor se dexa besar de Judas, y prender como ladrón, a los quales dixo: (Como a ladrón me habéis salido a prender, con palos y armas, quando cada día estaba con vosotros en el templo, enseñando, y no me prendistes); y diciendo: (¿A quién buscáis?), cayeron en tierra los enemigos.

360- Olivete.
361- Getsemaní.

2º Segundo: San Pedro hirió a un siervo del pontífice, al qual el mansueto[362] Señor dice: (Torna tu espada en su lugar), y sanó la herida del siervo.

3º Tercio: Desamparado de sus discípulos es llevado a Anás, adonde Sant Pedro, que le había seguido desde lexos, lo negó una vez y a Christo le fue dada una bofetada, diciéndole: (¿Así respondes al pontífice?).

[292] DE LOS MISTERIOS HECHOS DESDE CASA DE ANÁS HASTA LA CASA DE CAYPHÁS INCLUSIVE, MATHEO, XXVI; MARCOS, XIV; LUCAS, XXII; JOÁN, CAPÍTULO XVIII.

1º Primero: Lo llevan atado desde casa de Anás a casa de Cayphás, adonde Sant Pedro lo negó dos veces, y mirado del Señor (saliendo fuera, lloró amargamente).

2º Segundo: Estuvo Jesús toda aquella noche atado.

3º Tercio: Aliende[363] desto los que lo tenían preso se burlaban dél, y le herían, y le cubrían la cara, y le daban de bofetadas; y le preguntaban: (Prophetiza nobis quién es el que te hirió; y semejantes cosas blasphemaban contra él).

[293] DE LOS MISTERIOS HECHOS DESDE LA CASA DE CAYPHÁS HASTA LA DE PILATO INCLUSIVE, MATHEO, XXVII; LUCAS, XXIII; MARCOS, XV.

1º Primero: Lo llevan toda la multitud de los judíos a Pilato, y delante dél lo acusan diciendo: (A éste habemos hallado que echaba a perder nuestro pueblo y vedaba pagar tributo a César).

2º Segundo: Después de habello[364] Pilato una vez y otra examinado, Pilato dice: (Yo no hallo culpa ninguna).

3º Tercio: Le fue preferido Barrabás, ladrón: (Dieron voces todos diciendo: no dexes a éste, sino a Barrabás).

[294] DE LOS MISTERIOS HECHOS DESDE CASA DE PILATO HASTA LA DE HERODES, LUCAS, XXIII, v.6-11.

1º Primero: Pilato envió a Jesú Galileo a Herodes, tetrarca de Galilea.

2º Segundo: Herodes, curioso, le preguntó largamente; y El ninguna cosa le respondía, aunque los escribas y sacerdotes le acusaban constantemente.

362- manso.
363- allende, además.
364- haberlo.

3º Tercio: Herodes lo despreció con su exército, vistiéndole[365] con una veste blanca[366].

[295] DE LOS MISTERIOS HECHOS DESDE LA CASA DE HERODES HASTA LA DE PILATO, MATHEO, XXVII; LUCAS, XXIII; MATHEO, XV, ET JOÁN, XIX.

1º Primero: Herodes lo torna a enviar a Pilato, por lo qual son hechos amigos, que antes estaban enemigos[367].

2º Segundo: Tomó a Jesús Pilato, y azotólo; y los soldados hicieron una corona de espinas, y pusiéronla sobre su cabeza, y vistiéronlo[368] de púrpura, y venían a él y decían: (Dios te salve, rey de los judíos); (y dábanle de bofetadas).

3º Tercio: Lo sacó fuera en presentia de todos: (Salió pues Jesús fuera, coronado de espinas y vestido de grana; y díxoles Pilato: E aquí el hombre); y como lo viesen los pontífices, daban voces, diciendo: (Crucifica[369], crucifícalo).

[296] DE LOS MISTERIOS HECHOS DESDE CASA DE PILATO HASTA LA CRUZ INCLUSIVE, JOÁN, XIX, v.13-22.

1º Primero: Pilato, sentado como juez, les cometió[370] a Jesús para que le crucificasen, después que los judíos lo habían negado por rey diciendo: (No tenemos rey, sino a César).

2º Segundo: Llevaba la cruz a cuestas, y no podiéndola[371] llevar, fue constreñido Simón cirenense para que la llevase detrás de Jesús.

3º Tercio: Lo crucificaron en medio de dos ladrones, poniendo este título: (Jesús nazareno, rey de los judíos).

[297] DE LOS MISTERIOS HECHOS EN LA CRUZ, JOÁN, XIX, v.23-37.

1º Primero: Habló siete palabras en la cruz: rogó por los que le crucificaban; perdonó al ladrón; encomendó a Sant Joán a su Madre, y a la Madre a Sant Joán; dixo con alta voz (Sitio); y diéronle hiel y vinagre;

365- vistiéndole.
366- un vestido blanco.
367- enemistados.
368- vistiéronlo
369- (crucifícalo).
370- entregó de oficio.
371- pudiéndola.

dixo que era desamparado; dixo: (acabado es[372]); dixo: (Padre, en tus manos encomiendo mi espíritu).

2º Segundo: El sol fue escurecido, las piedras quebradas, las sepulturas abiertas, el velo del templo partido en dos partes de arriba abaxo.

3º Tercio: Blasphémanle diciendo: (Tú eres el que destruyes el templo de Dios; baxa de la cruz); fueron divididas sus vestiduras; herido con la lanza su costado, manó agua y sangre.

[298] DE LOS MISTERIOS HECHOS DESDE LA CRUZ HASTA EL SEPULCRO INCLUSIVE, IBIDEM.

1º Primero: Fue quitado de la cruz por Joseph y Nicodemo, en presencia de su Madre dolorosa.

2º Segundo: Fue llevado el cuerpo al sepulchro y untado[373] y sepultado.

3º Tercio: Fueron puestas guardas.

[299] DE LA RESURRECCIÓN DE CHRISTO NUESTRO SEÑOR; DE LA PRIMERA APARICIÓN SUYA.

1º Primero: Apareció a la Virgen María, lo qual, aunque no se diga en la Escriptura, se tiene por dicho, en decir[374] que aparesció a tantos otros; porque la Escriptura supone que tenemos entendimiento, como está escripto: (¿También vosotros estáys sin entendimiento?).

[300] DE LA 2ª APARICIÓN, MARCO, CAPÍTULO XVI, v.1-11

1º Primero: Van muy de mañana María Magdalena, Jacobi y Solomé, al monumento, diciendo: (¿Quién nos alzará la piedra de la puerta del monumento?).

2º Segundo: Veen la piedra alzada y al ángelo[375] que dice: (A Jesú nazareno buscáis; ya es[376] resucitado, no está aquí).

3º Tercio: Aparesció a María, la qual se quedó cerca del sepulcro, después de idas las otras.

372- está.
373- ungido.
374- diciendo.
375- ángel.
376- ha.

[301] DE LA 3ª APARICIÓN, SANT MATHEO, ÚLTIMO CAPÍTULO.

1º Primero: Salen estas Marías del monumento con temor y gozo grande, queriendo anunciar a los discípulos la resurrección del Señor.

2º Segundo: Christo nuestro Señor se les aparesció en el camino, diciéndoles: (Dios os salve); y ellas llegaron[377] y pusiéronse a sus pies y adoráronlo.

3º Tercio: Jesús les dice: (No temáys; id y decid a mis hermanos que vayan a Galilea, porque allí me verán).

[302] DE LA 4ª APARICIÓN, CAPÍTULO ÚLTIMO DE LUCAS, v.9-12; 33-34.

1º Primero: Oído de las mugeres que Christo era resucitado, fue de presto[378] Sant Pedro al monumento.

2º Segundo: Entrando en el monumento vio solos los paños con que fue cubierto el cuerpo de Christo nuestro Señor y no otra cosa.

3º Tercio: Pensando Sant Pedro en estas cosas se le aparesció Christo, y por eso los apóstoles decían: (Verdaderamente el Señor a resuscitado y aparescido a Simón).

[303] DE LA 5ª APARICIÓN EN EL ÚLTIMO CAPÍTULO DE SANT LUCAS.

1º Primero: Se aparesce a los discípulos que iban en Emaús hablando de Christo.

2º Segundo: Los reprehende mostrando por las Escrituras que Christo había de morir y resuscitar: (¡Oh nescios y tardos de corazón para creer todo lo que han hablado los prophetas! ¿No era necesario que Christo padesciese, y así entrase en su gloria?).

3º Tercio: Por ruego dellos se detiene allí y estuvo con ellos hasta que, en comulgándolos, desaparesció; y ellos tornando, dixeron a los discípulos cómo lo habían conocido en la comunión.

[304] DE LA 6ª APARICIÓN, JOÁN, CAPÍTULO XX, v.19-23.

1º Primero: Los discípulos estaban congregados (por el miedo de los judíos), excepto Sancto Thomás.

2º Segundo: Se les aparesció Jesús estando las puertas cerradas, y estando en medio dellos dice: (Paz con vosotros).

377- llegáronse, vinieron hasta él.
378- con presteza.

3º Tercio: Dales el Espíritu Sancto diciéndoles: (Recibid el Spíritu Sancto; a aquellos que[379] perdonáredes los peccados, les serán perdonados).

[305] DE LA 7ª APARICIÓN, JOÁN, XX, V.24-29.

1º Primero: Sancto Thomás, incrédulo, porque era[380] absente[381] de la aparición precedente, dice: (Si no lo viere, no lo creeré).

2º Segundo: Se les aparece Jesús desde ahí a ocho días, estando cerradas las puertas, y dice a Sancto Thomás: (Mete aquí tu dedo, y vee[382] la verdad, y no quieras ser incrédulo, sino fiel).

3º Tercio: Sancto Thomás creyó, diciendo: (Señor mío y Dios mío); al qual dice Christo: (Bienaventurados son los que no vieron y creyeron).

[306] DE LA 8ª APARICIÓN, JOÁN, CAPÍTULO ÚLTIMO, V.1-17.

1º Primero: Jesús aparesce a siete de sus discípulos que estaban pescando, los quales por toda la noche no habían tomado nada, y estendiendo la red por su mandamiento (no podían sacalla[383] por la muchedumbre de peces).

2º Segundo: Por este milagro Sant Joán lo conosció, y dixo a Sant Pedro: (El Señor es); el qual se echó en la mar y vino a Christo.

3º Tercio: Les dio a comer parte de un pez asado y un panar de miel; y enconmendó las ovejas a Sant Pedro, primero examinado tres veces de la charidad, y le dice: (Apacienta mis ovejas).

[307] DE LA 9ª APARICIÓN, MATHEO, CAPÍTULO ÚLTIMO, V.16-20.

1º Primero: Los discípulos, por mandado del Señor, van al monte Thabor.

2º Segundo: Christo se les aparesce y dice: (Dada me es[384] toda potestad en[385] cielo y en[386] tierra).

379- a quien.
380- estaba.
381- ausente.
382- ve.
383- sacarla.
384- me ha sido dada, dada me está.
385- el.
386- la.

3º Tercio: Los embió por todo el mundo a predicar, diciendo: (Id y enseñad todas las gentes bautizándolas en nombre del Padre y del Hijo y del Spíritu Sancto).

[308] DE LA 10ª APARICIÓN EN LA PRIMERA EPÍSTOLA A LOS CORINTHIOS, CAPITULO XV, v.6.
(Después fue visto de más de 500 hermanos juntos).

[309] DE LA 11ª APARICIÓN EN LA PRIMERA EPÍSTOLA A LOS CORINTHIOS, CAPÍTULO XV, v.7.
(Apareció después a santiago).

[310] DE LA 12ª APARICIÓN.
Apareció a Joseph ab Arimatia, como píamente se medita y se lee en la vida de los sanctos.

[311] DE LA 13ª APARICIÓN, 1ª EPÍSTOLA CORINTHIOS, CAPÍTULO XV, v.8
Aparesció a Sant Pablo después de la Ascensión (finalmente a mí, como abortivo, se me aparesció). Aparesció también en ánima a los padres sanctos del limbo y después de sacados y tornado a tomar el cuerpo, muchas veces aparesció a los discípulos y conversaba con ellos.

[312] DE LA ASCENSIÓN DE CHRISTO NUESTRO SEÑOR, ACT. I, V.1-12.
1º Primero: Después que por espacio de quarenta días aparesció a los apóstoles, haciendo muchos argumentos y señales y hablando del reyno de Dios, mandóles que en Hierusalem esperasen el Spíritu Sancto prometido.

2º Segundo: Sacólos al monte Oliveti[387] (y en presencia dellos fue elevado y una nube le hizo desaparescer de los ojos dellos).

3º Tercia: Mirando ellos al cielo les dicen los ángeles:
(Varones galileos, ¿qué estáis mirando al cielo?; este Jesús, el qual es llevado de vuestros ojos al cielo, así vendrá como le vistes ir en el[388] cielo).

387- Olivete.
388- al.

REGLAS

REGLAS 1ª SEMANA

[313] Reglas para en alguna manera sentir y cognoscer las varias mociones que en la ánima se causan: las buenas para rescibir, y las malas para lanzar; y son más propias para la primera semana.

[314] **1ª regla.** La primera regla: en las personas que van de peccado mortal en peccado mortal, acostumbra comúnmente el enemigo proponerles placeres aparentes, haciendo imaginar delectaciones y placeres sensuales, por más los conservar y aumentar en sus vicios y peccados; en las quales personas el buen spíritu usa contrario modo[389], punzándoles y remordiéndoles las consciencias por el sindérese[390] de la razón.

[315] **2ª regla.** La segunda: en las personas que van intensamente purgando sus peccados, y en el servicio de Dios nuestro Señor de bien en mejor subiendo, es el contrario modo que en la primera regla; porque entonces proprio es del mal espíritu morder, tristar[391] y poner impedimentos inquietando con falsas razones, para que no pase adelante; y proprio del bueno dar ánimo y fuerzas, consolaciones, lágrimas, inspiraciones y quietud, facilitando[392] y quitando todos[393] impedimentos, para que en el bien obrar proceda adelante.

[316] **3ª regla.** La tercera de consolación espiritual: llamo consolación quando en el ánima se causa alguna moción interior, con la qual viene la ánima a inflamarse en amor de su Criador y Señor, y consequenter[394] quando ninguna cosa criada sobre la haz de la tierra puede amar en sí, sino en el Criador de todas ellas. Assimismo quando lanza lágrimas

---

389- de modo contrario.
390- sindéresis, recto sentido.
391- entristecer.
392- presentando vencibles.
393- los.
394- asimismo.

San Ignacio de Loyola

motivas³⁹⁵ a amor de su Señor, agora³⁹⁶ sea por el dolor de sus peccados, o de la passión de Christo nuestro Señor, o de otras cosas derechamente ordenadas en su servicio y alabanza; finalmente, llamo consolación todo aumento de esperanza, fee y caridad y toda leticia³⁹⁷ interna que llama y atrae a las cosas celestiales y a la propria salud de su ánima, quietándola y pacificándola en su Criador y Señor.

[317] **4ª regla**. La quarta de desolación spiritual: llamo desolación todo el contrario de la tercera regla; así como escuridad del ánima, turbación en ella, moción a³⁹⁸ las cosas baxas y terrenas, inquietud de varias agitaciones y tentaciones, moviendo a infidencia³⁹⁹, sin esperanza, sin amor, hallándose toda perezosa, tibia, triste y como separada de su Criador y Señor. Porque así como la consolación es contraria a la desolación, de la misma manera los pensamientos que salen de la consolación son contrarios a los pensamientos que salen de la desolación.

[318] **5ª regla.** La quinta: en tiempo de desolación nunca hacer mudanza, mas estar firme y constante en los propósitos y determinación en que estaba el día antecedente a la tal desolación, o en la determinación en que estaba en la antecedente consolación. Porque así como en la consolación nos guía y aconseja más el buen espíritu, así en la desolación el malo, con cuyos consexos no podemos tomar camino para acertar.

[319] **6ª regla**. La sexta: dado que en la desolación no debemos mudar los primeros propósitos, mucho aprovecha el intenso mudarse⁴⁰⁰ contra la misma desolación, así como en⁴⁰¹ instar más en la oración, meditación, en mucho examinar y en alargarnos en algún modo conveniente de hacer penitencia.

[320] **7ª regla**. La séptima: el que está en desolación, considere cómo el Señor le ha dexado en prueba en sus potencias naturales, para que resista a las varias agitaciones y tentaciones del enemigo; pues puede con el auxilio divino, el qual siempre le queda aunque claramente no

---

395- incentivas.
396- ahora.
397- alegría.
398- atractivo por.
399- desconfianza.
400- reaccionar intensamente.
401- el.

lo sienta; porque el Señor le ha abstraído[402] su mucho hervor[403], crecido amor y gracia intensa, quedándole tamen[404] gracia sufficiente para la salud eterna.

[321] **8ª regla**. La octava: el que está en desolación, trabaxe de estar en paciencia, que es contraria a las vexaciones que le vienen, y piense que será presto consolado, poniendo las diligencias contra la tal desolación, como está dicho en la sexta regla.

[322] **9ª regla**. La nona: tres causas principales son porque nos hallamos desolados: la primera es por ser tibios, perezosos o negligentes en nuestros exercicios spirituales, y así por nuestras faltas se alexa la consolación spiritual de nosotros; la segunda, por probarnos para quánto somos[405], y en quánto nos alargamos en su servicio y alabanza, sin tanto estipendio[406] de consolaciones y crescidas gracias; la tercera, por darnos vera[407] noticia y cognoscimiento para que internamente sintamos que no es de nosotros traer o tener devoción crescida, amor intenso, lágrimas ni otra alguna consolación spiritual, mas que todo es don y gracia de Dios nuestro Señor, y porque en cosa ajena no pongamos nido, alzando nuestro entendimiento en alguna soberbia o gloria vana, attribuyendo a nosotros la devoción o las otras partes de la spiritual consolación.

[323] **10ª regla**. La décima: el que está en consolación piense cómo se habrá en la desolación que después vendrá, tomando nuevas fuerzas para entonces.

[324] **11ª regla.** La undécima: el que está consolado procure humiliarse[408] y baxarse quanto puede, pensando quán para poco[409] es en el tiempo de la desolación sin la tal gracia o consolación. Por el contrario, piense el que está en desolación que puede mucho con la gracia sufficiente para resistir a todos sus enemigos, tomando fuerzas en su Criador y Señor.

402- substraído.
403- fervor.
404- con todo.
405- para cuánto valemos.
406- paga, sueldo.
407- verdadera.
408- humillarse.
409- para cuán poco.

81

[325] **12ª regla**. La duodécima: el enemigo se hace como muger en ser flaco por[410] fuerza y fuerte de grado[411]; porque así como es propio de la muger, quando riñe con algún varón, perder ánimo, dando huída[412] quando el hombre le muestra mucho rostro, y, por el contrario, si el varón comienza a huír perdiendo ánimo, la ira, venganza y ferocidad de la muger es muy crescida y tan sin mesura[413], de la misma manera es proprio del enemigo enflaquecerse y perder ánimo, dando huída[414] sus tentaciones, quando la persona que se exercita en las cosas spirituales pone mucho rostro contra las tentaciones del enemigo haciendo el oppósito[415] per diámetrum[416]; y por el contrario, si la persona que se exercita comienza a tener temor y perder ánimo en sufrir las tentaciones, no hay bestia tan fiera sobre la haz de la tierra como el enemigo de natura humana, en prosecución de su dañada intención con tan crecida malicia.

[326] **13ª regla**. La terdécima: assimismo se hace como vano enamorado en querer ser[417] secreto y no[418] descubierto: porque así como el hombre vano, que hablando a mala parte, requiere a una hija de un buen padre, o una muger de buen marido, quiere que sus palabras y suasiones sean[419] secretas; y el[420] contrario le displace mucho, quando la hija al padre o la muger al marido descubre sus vanas palabras y intención depravada, porque fácilmente collige que no podrá salir con la impresa[421] comenzada: de la misma manera, quando el enemigo de natura humana trae sus astucias y suasiones a la ánima justa, quiere y desea que sean recibidas y tenidas en secreto; mas quando las descubre a su buen confessor o a otra persona spiritual que conosca sus engaños y malicias, mucho le pesa; porque collige que no podrá salir con su malicia comenzada, en[422] ser descubiertos sus engaños manifiestos.

410- ante la.
411- ante la condescendencia.
412- y huir.
413- sin medida, desmesurada.
414- huyendo o cesando.
415- lo opuesto.
416- por diámetro, lo diametralmente opuesto.
417- estar.
418- ser.
419- estén.
420- al.
421- empresa.
422- al.

[327] **14ª regla.** La quatuordécima: assimismo se ha como un caudillo, para vencer⁴²³ y robar lo que desea; porque así como un capitán y caudillo del campo⁴²⁴, asentando su real⁴²⁵ y mirando las fuerzas o disposición de un castillo, le combate por la parte más flaca, de la misma manera el enemigo de natura humana, rodeando mira en torno todas nuestras virtudes theologales, cardinales y morales, y por donde nos halla más flacos y más necesitados para nuestra salud eterna, por allí nos bate y procura tomarnos.

REGLAS 2ª SEMANA

[328] Reglas para el mismo efecto con mayor discreción de espíritus, y conducen más para la segunda semana.

[329] **1ª regla.** La primera: proprio es de Dios y de sus ángeles en sus mociones dar verdadera alegría y gozo spiritual, quitando toda tristeza y turbación, que el enemigo induce; del qual es proprio militar⁴²⁶ contra la tal alegría y consolación spiritual, trayendo razones aparentes⁴²⁷, sotilezas⁴²⁸ y assiduas falacias.

[330] **2ª regla**. La segunda: sólo es de Dios nuestro Señor dar consolación a la ánima sin causa precedente; porque es propio del Criador entrar, salir, hacer moción en ella, trayéndola⁴²⁹ toda en amor de la su divina majestad. Digo sin causa, sin ningún previo sentimiento o conocimiento de algún obiecto, por el qual venga la tal consolación mediante sus actos de entendimiento y voluntad.

[331] **3ª regla.** La tercera: con causa puede consolar al ánima así el buen ángel como el malo, por contrarios fines: el buen ángel, por⁴³⁰ provecho del ánima, para que cresca y suba de bien en mejor, y el mal ángel para el⁴³¹ contrario, y adelante⁴³² para traerla a su dañada intención y malicia.

423- conquistar.
424- ejército en campaña.
425- o campamento.
426- hacer guerra.
427- proponiendo razones especiosas.
428- sutilezas.
429- alzándola.
430- para.
431- lo.
432- ulteriormente.

[332] **4ª regla.** La quarta: proprio es del ángel malo, que se forma sub angelo lucis[433], entrar con la ánima devota[434] y salir consigo[435]; es a saber, traer pensamientos buenos y sanctos conforme a la tal ánima justa, y despúes, poco a poco, procura de salirse[436] trayendo a la ánima a sus engaños cubiertos y perversas intenciones.

[333] **5ª regla**. La quinta: debemos mucho advertir el discurso[437] de los pensamientos; y si el principio, medio y fin es todo bueno, inclinado a todo bien, señal es de buen ángel; mas si en el discurso de los pensamientos que trae, acaba en alguna cosa mala o distrativa[438], o menos buena que la que el ánima antes tenía propuesta de hacer, o la enflaquece[439] o inquieta o conturba a la ánima, quitándola su paz, tranquilidad y quietud que antes tenía, clara señal es proceder[440] de mal spíritu, enemigo de nuestro provecho y salud eterna.

[334] **6ª regla.** La sexta: quando el enemigo de natura humana fuere sentido[441] y conocido de[442] su cola serpentina y mal fin a que induce, aprovecha a la persona que fue dél tentada mirar luego en el discurso[443] de los buenos pensamientos que le truxo[444], y el principio dellos, y cómo poco a poco procuró hacerla descender[445] de la suavidad y gozo spiritual en que estaba, hasta traerla a su intención depravada; para que con la tal experiencia conoscida y notada[446] se guarde para adelante de sus acostumbrados engaños.

[335] **7ª regla.** La septima: en los que proceden de bien en mejor, el buen ángel toca a la tal ánima dulce, leve y suavemente, como gota de agua que entra en una esponja; y el malo toca agudamente[447] y con sonido y inquietud, como quando la gota de agua cae sobre la piedra;

433- disfraza en ángel de luz.
434- la del alma devota, lo que le acomoda.
435- con el mal que pretende, con la suya.
436- salir consigo, con la suya.
437- curso o serie.
438- distractiva.
439- desalienta.
440- que procede.
441- advertido.
442- por.
443- curso o serie.
444- trajo.
445- descender.
446- sacando experiencia de este conocimiento.
447- vivamente.

y a los que proceden de mal en peor, tocan los sobredichos spíritus contrario modo[448]; cuya causa es la disposición del ánima ser[449] a los dichos ángeles contraria o símile[450]; porque quando es contraria, entran con estrépito y con sentidos[451], perceptiblemente; y quando es símile, entra con silencio como en propria casa a puerta abierta.

[336] **8ª regla**. La octava: quando la consolación es sin causa, dado que en ella no haya engaño por ser de solo Dios nuestro Señor, como está dicho, pero la persona espiritual, a quien Dios da la tal consolación, debe con mucha vigilancia y atención, mirar y discernir el proprio tiempo de la tal actual consolación, del siguiente en que la ánima queda caliente, y favorescida con el favor y reliquias de la consolación passada; porque muchas veces en este segundo tiempo por su propio discurso de habitúdines y consequencias de los conceptos y juicios[452], o por el buen espíritu o por el malo, forma diversos propósitos y paresceres, que no son dados inmediatamente de Dios nuestro Señor, y por tanto han menester ser mucho[453] bien examinados antes que se les dé entero crédito ni[454] que se pongan en efecto.

SOBRE LAS LIMOSNAS

[337] En el ministerio de distribuir limosnas se deben guardar las reglas siguientes.

[338] 1ª regla. La primera: si yo hago la distribución a parientes o amigos o a personas a quien estoy aficionado, tendré quatro cosas que mirar, de las quales se ha hablado en parte en la materia de elección. La primera es que aquel amor que me mueve y me hace dar la limosna, descienda de arriba, del amor de Dios nuestro Señor; de forma que sienta primero en mí que el amor más o menos[455] que tengo a las tales personas es por Dios, y que en la causa porque más las amo reluzca Dios.

448- de contrario modo.
449- Lo cual se debe a que la disposición del alma es.
450- símil, semejante.
451- con sentimiento o advertencia, tocando al alma aguda o vivamente.
452- o comparación de habitudes o relaciones de los conceptos, y deducción de consequencias de los juicios.
453- muy.
454- o.
455- en más o en menos.

[339] 2ª regla. La segunda: quiero mirar a un hombre que nunca he visto ni conoscido; y deseando yo toda su perfección en el ministerio y estado que tiene, como yo querría que él tuviese medio[456] en su manera de distribuir, para mayor gloria de Dios nuestro Señor y mayor perfección de su ánima; yo haciendo assí, ni más ni menos, guardaré la regla y medida que para el otro querría y juzgo seer tal.

[340] 3ª regla. La tercera: quiero considerar como si estuviesse en el artículo de la muerte, la forma y medida que entonces querría haber tenido en el officio de mi administración; y reglándome por aquélla, guardarla en los actos de la mi distribución.

[341] 4ª regla. La quarta: mirando cómo me hallaré el día del juicio, pensar bien cómo entonces querría haber usado deste officio[457] y cargo[458] del ministerio[459]; y la regla que entonces querría haber tenido, tenerla agora.

[342] 5ª regla. La quinta: quando alguna persona se siente inclinada y afficionada a algunas personas, a las quales quiere distribuir, se detenga y rumine[460] bien las quatro reglas sobredichas, examinando y probando su affección con ellas; y no dé la limosna hasta que, conforme a ellas, su dessordenada affección tenga en todo quitada y lanzada.

[343] 6ª regla. La sexta: dado que no hay culpa en tomar los bienes de Dios nuestro Señor para distribuirlos, quando la persona es llamada de nuestro Dios y Señor para tal ministerio; pero en el quánto y cantidad de lo que ha de tomar y aplicar para sí mismo de lo que tiene para dar a otros hay[461] duda de culpa y excesso; por tanto, se puede reformar en su vida y estado por las reglas sobredichas.

[344] 7ª regla. La séptima: por las razones ya dichas y por otras muchas, siempre es mejor y más seguro, en lo que a su persona y estado de casa toca, quanto más se cercenare y diminuyere, y quanto más se acercare a nuestro summo pontífice, dechado y regla nuestra, que es Christo nuestro Señor. Conforme a lo qual el tercero concilio Carthaginense (en el qual estuvo sancto Augustín) determina y

---

456- medida o norma.
457- de administrar.
458- de distribuir limosnas.
459- que tengo.
460- rumie o considere.
461- lugar a.

manda que la suppeléctile[462] del obispo sea vil y pobre. Lo mismo se debe considerar en todo modos de vivir, mirando y proporcionando la condición y estado de las personas; como en matrimonio tenemos exemplo del Sancto[463] Joaquín y de Sancta Anna, los quales, partiendo su hacienda en tres partes, la primera daban a pobres, la segunda al ministerio y servicio del templo, la tercera tomaban para la substentación[464] dellos mismos y de su familia.

SOBRE LOS ESCRÚPULOS

[345] Para sentir y entender[465] escrúpulos y suasiones de nuestro enemigo, aiudan las notas siguientes.

[346] **1ª nota.** La primera: llaman vulgarmente escrúpulo el que procede de nuestro propio juicio y libertad, es a saber, quando yo líberamente[466] formo ser[467] peccado lo que no es peccado; así como acaece que alguno después que a pisado una cruz de paja incidenter[468], forma[469] con su proprio juicio que ha pecado; y éste es propiamente juicio erróneo y no proprio escrúpulo.

[347] **2ª nota**. La segunda: después que yo he pisado aquella cruz, o después que he pensado o dicho o hecho alguna otra cosa, me viene un pensamiento de fuera que he peccado; y por otra parte me paresce que no he peccado, tamen[470] siento en esto turbación, es a saber, en quanto dudo y en quanto no dudo; éste tal es proprio escrúpulo y tentación que el enemigo pone.

[348] **3ª nota.** La tercera: el primer escrúpulo de la primera nota es mucho de aborrescer, porque es todo error; mas el segundo de la segunda nota, por algún espacio de tiempo no poco aprovecha al ánima que se da a espirituales exercicios; antes en gran manera purga y alimpia[471] a la tal ánima, separándola mucho de toda aparencia de peccado, juxta

---

462- el ajuar.
463- San.
464- sustentación.
465- advertir y saber qué son.
466- sin sugestión externa.
467- pienso que es.
468- casualmente.
469- piensa.
470- no obstante.
471- limpia, purifica.

San Ignacio de Loyola

illud Gregorii: bonarum mentium est ibi culpam cognoscere, ubi culpa nulla est[472].

[349] **4ª not**a. La quarta: el enemigo mucho mira si una ánima es gruesa o delgada[473]; y si es delgada, procura de más la adelgazar en extremo, para más la turbar y desbaratar[474]: verbi gracia, si vee que una ánima no consiente en sí peccado mortal ni venial ni aparencia alguna de peccado deliberado, entonces el enemigo, quando no puede hacerla caer en cosa que paresca peccado, procura de hacerla formar[475] peccado adonde no es peccado, assí como en una palabra o pensamiento mínimo; si la ánima es gruesa, el enemigo procura de engrossarla más, verbi gracia, si antes no hacía caso de los peccados veniales, procurará que de los mortales haga poco caso, y si algún caso hacía antes, que mucho menos o ninguno haga agora[476].

[350] **5ª nota**. La quinta: la ánima que desea aprovecharse en la vida spiritual, siempre debe proceder contrario modo que[477] el enemigo procede, es a saber, si el enemigo quiere engrossar la ánima, procure de adelgazarse; asimismo si el enemigo procura de attenuarla[478] para traerla en extremo[479], la ánima procure solidarse[480] en el medio para en todo quietarse.

[351] **6ª nota**. La sexta: quando la tal ánima buena quiere hablar o obrar alguna cosa dentro de la Iglesia, dentro de la intelligencia de los nuestros mayores, que sea[481] en gloria de Dios nuestro Señor, y le viene un pensamiento o tentación de fuera para que ni hable ni obre aquella cosa, trayéndole razones aparentes de vana gloria o de otra cosa, etcétera; entonces debe de alzar el entendimiento a su Criador y Señor; y si vee que es su debido servicio o a lo menos no contra, debe

---

472- (según aquello de San Gregorio: De almas buenas es ver culpa, donde no hay culpa ninguna).
473- ancha o delicada de conciencia.
474- desconcertar.
475- pensar que hay.
476- ahora.
477- de modo contrario a como.
478- aguzarla.
479- que dé en extremos.
480- afirmarse, consolidarse.
481- redunde.

hacer per diametrum[482] contra la tal tentación, justa Bernardum eidem respondentem: nec propter te incepi nec propter te finiam[483].

SENTIR EN LA IGLESIA

[352] Para el sentido[484] verdadero que en la iglesia militante debemos tener, se guarden las reglas siguientes.

[353] **1ª regla**. La primera: despuesto todo juicio, debemos tener ánimo aparejado y prompto para obedescer en todo a la vera[485] sposa de Christo nuestro Señor, que es la nuestra sancta madre Iglesia hierárchica[486].

[354] **2ª regla**. La segunda: alabar el confessar con sacerdote y el rescibir del sanctíssimo sacramento una vez en el año, y mucho más en cada mes, y mucho mejor de ocho en ocho días, con las condiciones requisitas[487] y debidas.

[355] **3ª regla.** La tercera: alabar el oír missa a menudo, asimismo[488] cantos, psalmos y largas oraciones en la iglesia y fuera della; assimismo horas ordenadas a tiempo destinado para todo officio divino y para todas oración y todas horas canónicas.

[356] **4ª regl**a. La quarta: alabar mucho religiones, virginidad y continencia, y no tanto el matrimonio como ningunas destas.

[357] **5ª regla**. La quinta: alabar votos de religión, de obediencia, de pobreza, de castidad y de otras perfectiones de supererrogación; y es de advertir que, como el voto sea cerca[489] las cosas que se allegan a la perfección evangélica, en las cosas que se alexan della no se debe hacer voto, así como de ser mercader o ser casado, etc.

[358] **6ª regl**a. Alabar reliquias de sanctos, haciendo veneración a ellas, y oración a ellos: alabando[490] estaciones, peregrinaciones,

---

482- por diámetro, proceder diametralmente.
483- (conforme a San Bernardo, que le respondió: Ni por ti empecé, ni por ti acabaré).
484- criterio o juicio.
485- verdadera.
486- jerárquica.
487- requeridas.
488- esto es, alabar.
489- sobre.
490- alabar asimismo.

indulgencias, perdonanzas, cruzadas y candelas encendidas en las iglesias.

[359] **7ª regla**. Alabar constituciones cerca ayunos y abstinencias, así como quaresmas, quatro témporas, vigilias, viernes y sábado; assimismo penitencias no solamente internas, mas aun externas.

[360] **8ª regla**. Alabar ornamentos y edificios de iglesias; assimismo imágenes, y venerarlas según que[491] representan.

[361] **9ª regla**. Alabar, finalmente todos[492] preceptos de la Iglesia, teniendo ánimo prompto para buscar razones en su defensa y en ninguna manera en su ofensa[493].

[362] **10ª regla**. Debemos ser más promptos para abonar[494] y alabar assí constitutiones, comendaciones[495] como costumbres de nuestros mayores; porque, dado que algunas no sean o no fuesen tales[496], hablar contra ellas, quier[497] predicando en público, quier platicando delante del pueblo menudo[498], engendrarían más murmuración y escándalo que provecho; y assí se indignarían el pueblo contra sus mayores, quier[499] temporales, quier spirituales. De manera que así como hace daño el hablar mal en absencia de los mayores a la gente menuda[500], así puede hacer provecho hablar de las malas costumbres a las mismas personas que pueden remediarlas.

[363] **11ª regla**. Alabar la doctrina positiva y escolástica; porque assí como es más propio de los doctores positivos, assí como de Sant Hierónimo, Sant Augustín y de Sant Gregorio, etc., el mover los afectos para en todo amar y servir a Dios nuestro Señor, assí es más proprio de los escholásticos, así como de Sancto Thomás, Sant Bonaventura y del Maestro de las sentencias, etc., el diffinir[501] o declarar para nuestros tiempos de las cosas neccessarias a la salud eterna, y para más impugnar

---

491- conforme.
492- los.
493- desprecio o impugnación.
494- aprobar, dar por buenas.
495- como bulas de cruzadas y otras indulgencias.
496- dignas de aprobación o alabanza.
497- ahora.
498- sencillo.
499- o.
500- sencilla.
501- definir.

y declarar todos[502] errores y todas las falacias. Porque los doctores escolásticos, como sean más modernos, no solamente se aprovechan de la vera intelligencia de la Sagrada Scriptura y de los positivos y sanctos doctores; mas aun siendo ellos iluminados y esclarescidos de la virtud divina, se ayudan de los concilios, cánones y constituciones de nuestra sancta madre Iglesia.

[364] **12ª regla**. Debemos guardar[503] en[504] hacer comparaciones de los que somos vivos a los bienaventurados passados, que no poco se yerra en esto, es a saber, en decir: éste sabe más que Sant Augustín, es otro o más que Sant Francisco, es otro Sant Pablo en bondad, sanctidad, etc.

[365] **13ª regl**a. Debemos siempre tener[505] para en todo acertar, que lo blanco que yo veo, creer que es negro, si la Iglesia hierárchica assí lo determina, creyendo que entre Christo nuestro Señor, esposo, y la Iglesia su esposa, es[506] el mismo spíritu que nos gobierna y rige para la salud de nuestras ánimas, porque por el mismo Spíritu y Señor nuestro, que dio los diez Mandamientos, es regida y gobernada nuestra sancta madre Iglesia.

[366] **14ª regl**a. Dado que sea mucha verdad que ninguno se puede salvar sin ser predestinado y sin tener fe y gracia, es mucho de advertir en el modo de hablar y comunicar de todas ellas.

[367] **15ª regla.** No debemos hablar mucho de la predestinación por vía de costumbre; mas si en alguna manera y algunas veces se hablare, así se hable que el pueblo menudo no venga en error alguno, como algunas veces suele, diciendo: Si tengo de ser salvo o condenado[507], ya está determinado, y por mi bien hacer o mal, no puede ser ya otra cosa; y con esto entorpeciendo se descuidan en las obras que conducen a la salud y provecho spiritual de sus ánimas.

[368] **16ª regla.** De la misma forma es de advertir que por mucho hablar de la fe y con mucha intensión, sin alguna distincción y

---

502- los.
503- evitar.
504- el.
505- este pricipio.
506- está, vige.
507- condenado.

declaración, no se dé ocasión al pueblo para que en el obrar sea torpe[508] y perezoso, quier[509] antes de la fe formada en caridad o quier después.

[369] **17ª regla.** Assimismo no debemos hablar tan largo instando tanto en la gracia, que se engendre veneno, para quitar[510] la libertad. De manera que de la fe y gracia se puede hablar quanto sea possible mediante el auxilio divino, para mayor alabanza de la su divina majestad, mas no por tal suerte ni por tales modos, mayormente en nuestros tiempos tan periculosos[511], que las obras y líbero[512] arbitrio resciban detrimento alguno o por nichilo[513] se tengan.

[370] **18ª regla**. Dado que sobre todo se ha de estimar el mucho servir a Dios nuestro Señor por puro amor, debemos mucho alabar el temor de la su divina majestad; porque no solamente el temor filial es cosa pía y sanctíssima, mas aun el temor servil, donde otra cosa mejor o más útil el hombre no alcance, ayuda mucho para salir del peccado mortal; y salido fácilmente viene[514] al temor filial, que es todo acepto y grato a Dios nuestro Señor, por estar en uno con el amor divino.

A.M.D.G

508- tardo.
509- bien.
510- negar.
511- peligrosos.
512- libre.
513- nada.
514- pasa, llega.

ANEXO

Ofrecemos en este anexo subsidios para mejor aprovechamiento de los Ejercicios Espirituales.

Pequeña Vida de San Ignacio de Loyola

San Ignacio nació probablemente en 1491, en el castillo de Loyola en Azpeitia, población de Guipúzcoa, cerca de los Pirineos. Su padre, don Bertrán, era señor de Ofiaz y de Loyola, jefe de una de las familias más antiguas y nobles de la región. Y no era menos ilustre el linaje de su madre, Marina Sáenz de Licona y Balda. Iñigo (pues ése fue el nombre que recibió el santo en el bautismo) era el más joven de los ocho hijos y tres hijas de la noble pareja. Iñigo luchó contra los franceses en el norte de Castilla. Pero su breve carrera militar terminó abruptamente el 20 de mayo de 1521, cuando una bala de cañón le rompió la pierna durante la lucha en defensa del castillo de Pamplona. Después de que Iñigo fue herido, la guarnición española capituló.

Los franceses no abusaron de la victoria y enviaron al herido en una litera al castillo de Loyola (su hogar). Como los huesos de la pierna soldaron mal, los médicos consideraron necesario quebrarlos nuevamente. Iñigo se decidió a favor de la operación y la soportó estoicamente ya que anhelaba regresar a sus anteriores andanzas a todo costo. Pero, como consecuencia, tuvo un fuerte ataque de fiebre con tales complicaciones que los médicos pensaron que el enfermo moriría antes del amanecer de la fiesta de San Pedro y San Pablo. Sin embargo empezó a mejorar, aunque la convalecencia duró varios meses. No obstante la operación, la rodilla rota presentaba todavía una deformidad. Iñigo insistió en que los cirujanos cortasen la protuberancia y, pese a que éstos le advirtieron que la operación sería muy dolorosa, no quiso que le atasen ni le sostuviesen y soportó la despiadada carnicería sin una queja. Para evitar que la pierna derecha se acortase demasiado, Iñigo permaneció varios días con ella estirada mediante unas pesas. Con tales métodos, nada tiene de extraño que haya quedado cojo para el resto de su vida.

Con el objeto de distraerse durante la convalecencia, Iñigo pidió algunos libros de caballería (aventuras de caballeros en la guerra), a los que siempre había sido muy afecto. Pero lo único que se encontró en el castillo de Loyola fue una Imitación de Cristo y un volumen de vidas de santos. Iñigo los comenzó a leer para pasar el tiempo, pero poco a poco empezó a interesarse tanto que pasaba días enteros dedicado a la lectura. Y se decía: "¿qué sería, si yo hiciese esto que hizo San Francisco, y esto que hizo Santo Domingo? [...] Santo Domingo hizo esto; pues yo lo tengo de hacer. San Francisco hizo esto; pues yo lo tengo de hacer". Inflamado por el fervor, se proponía ir en peregrinación a un santuario de Nuestra Señora y entrar como hermano lego a un convento de cartujos. Pero tales ideas eran intermitentes, pues su ansiedad de gloria y su amor por una dama, ocupaban todavía sus pensamientos. Sin embargo, cuando volvía a abrir el libro de la vida de los santos, comprendía la futilidad de la gloria mundana y presentía que sólo Dios podía satisfacer su corazón. Las fluctuaciones duraron algún tiempo. Ello permitió a Iñigo observar una diferencia: en tanto que los pensamientos que procedían de Dios le dejaban lleno de consuelo, paz y tranquilidad, los pensamientos vanos le procuraban cierto deleite, pero no le dejaban sino amargura y vacío. Finalmente, Iñigo resolvió imitar a los santos y empezó por hacer toda penitencia corporal posible y llorar sus pecados.

Le visita la Virgen; purificación en Manresa

Una noche, se le apareció la Madre de Dios, rodeada de luz y llevando en los brazos a Su Hijo. La visión consoló profundamente a Ignacio. Al terminar la convalecencia, hizo una peregrinación al santuario de Nuestra Señora de Montserrat, donde determinó llevar vida de penitente. Su propósito era llegar a Tierra Santa y para ello debía embarcarse en Barcelona, que está muy cerca de Montserrat. La ciudad se encontraba cerrada por miedo a la peste que azotaba la región. Así tuvo que esperar en el pueblecito de Manresa, no lejos de Barcelona y a tres leguas de Montserrat. El Señor tenía otros designios más urgentes para Ignacio en ese momento de su vida. Lo quería llevar a la profundidad de la entrega en oración y total pobreza. Se hospedó ahí, unas veces en el convento de los dominicos y otras en un hospicio de pobres. Para orar y hacer penitencia, se retiraba a una cueva de los alrededores. Así vivió durante casi un año.

"A fin de imitar a Cristo nuestro Señor y asemejarme a Él, de verdad, cada vez más; quiero y escojo la pobreza con Cristo pobre, más que la riqueza; las humillaciones con Cristo humillado, más que los honores; y

prefiero ser tenido por idiota y loco por Cristo, el primero que ha pasado por tal, antes que como sabio y prudente en este mundo". Se decidió a *"escoger el Camino de Dios, en vez del camino del mundo"...* hasta lograr alcanzar la santidad.

A las consolaciones de los primeros tiempos sucedió un período de aridez espiritual; ni la oración ni la penitencia conseguían ahuyentar la sensación de vacío que encontraba en los sacramentos y la tristeza que le abrumaba. A ello se añadía una violenta tempestad de escrúpulos que le hacían creer que todo era pecado, lo cual lo llevó a desolaciones profundas. En esa época, Ignacio empezó a anotar algunas experiencias que iban a servirle para el libro de los "Ejercicios Espirituales". Finalmente, el santo salió de aquella noche oscura y el más profundo gozo espiritual sucedió a la tristeza. Aquella experiencia dio a Ignacio una habilidad singular para ayudar a los escrupulosos y un gran discernimiento en materia de dirección espiritual. Más tarde, confesó al P. Laínez que, en una hora de oración en Manresa, había aprendido más de lo que pudiesen haberle enseñado todos los maestros en las universidades. Sin embargo, al principio de su conversión, Ignacio tenía un gran celo por las cosas de Dios, al cual tendría que ir moderando ya que desconocía el mundo de las virtudes. Fue así que una vez, oyendo blasfemar a un moro contra la Santísima Virgen, dudo si darle muerte o no; dejó las cosas en mano de la Providencia, la cual dispuso que nada ocurriera.

Tierra Santa

En febrero de 1523, Ignacio por fin partió en peregrinación a Tierra Santa ya que quería imitar a Cristo en todo, incluso hasta viviendo donde Él vivió. Pidió limosna en el camino, se embarcó en Barcelona, pasó la Pascua en Roma, tomó otra nave en Venecia con rumbo a Chipre y de ahí se trasladó a Jaffa. Del puerto, a lomo de mula, se dirigió a Jerusalén, donde tenía el firme propósito de establecerse. Pero, al fin de su peregrinación por los Santos Lugares, el franciscano encargado de guardarlos le ordenó que abandonase Palestina, temeroso de que los mahometanos, enfurecidos por la ejemplar vida de Ignacio, le raptasen y pidiesen rescate por él. Por lo tanto, el joven renunció a su proyecto y obedeció, aunque no tenía la menor idea de lo que iba a hacer al regresar a Europa. Otra vez, la Divina Providencia tenía designios para esta alma tan generosa.

De nuevo en España donde es encarcelado por la inquisición

San Ignacio de Loyola

En 1524, llegó de nuevo a España, donde se dedicó a estudiar, pues "pensaba que eso le serviría para ayudar a las almas". Una piadosa dama de Barcelona, llamada Isabel Roser, le asistió mientras estudiaba la gramática latina en la escuela. Ignacio tenía entonces treinta y tres años, y no es difícil imaginar lo penoso que debe ser estudiar la gramática a esa edad. Al principio, Ignacio estaba tan absorto en Dios, que olvidaba todo lo demás; así, la conjugación del verbo latino "amare" se convertía en un simple pretexto para pensar: "Amo a Dios. Dios me ama" y caía en éxtasis. Sin embargo, el santo hizo ciertos progresos en el estudio, aunque seguía practicando las austeridades y dedicándose a la contemplación y soportaba con paciencia y buen humor las burlas de sus compañeros de escuela, que eran mucho más jóvenes que él.

Al cabo de dos años de estudios en Barcelona, pasó a la Universidad de Alcalá a estudiar lógica, física y teología; pero la multiplicidad de materias no hizo más que confundirle, a pesar de que estudiaba noche y día. Se alojaba en un hospicio, vivía de limosna y vestía un áspero hábito gris. Además de estudiar, instruía a los niños, organizaba reuniones de personas espirituales en el hospicio y convertía a numerosos pecadores con sus represiones llenas de mansedumbre.

Había en España muchas desviaciones de la devoción. Como Ignacio carecía de los estudios y la autoridad para enseñar, fue acusado ante el vicario general del obispo, quien le tuvo prisionero durante cuarenta y dos días, hasta que, finalmente, absolvió de toda culpa a Ignacio y sus compañeros, pero les prohibió llevar un hábito particular y enseñar durante los tres años siguientes. Ignacio se trasladó entonces con sus compañeros a Salamanca. Pero pronto fue nuevamente acusado de introducir doctrinas peligrosas, más como a San Ignacio se le solían unir jóvenes cuando predicaba la inquisición dudaba si confinarlo en prisión. La última vez lo fue a visitar el inquisidor Frias junto con el Obispo Mendoza, quien brilló mucho después en el conc. de Trento como cardenal de Burgos; el inquisidor le preguntó ironicamente:

- ¿me tiene rabia a mí por estos grillos y cadenas?

- Dr. Frías -le respondió- sepa que no hay en toda salamanca tantos grillo y cadenas como yo quisiera sufrir por Jesucristo.

Después de tres semanas de prisión, los inquisidores le declararon inocente. Ignacio consideraba la prisión, los sufrimientos y la ignominia como pruebas que Dios le mandaba para purificarle y santificarle.

Cuando recuperó la libertad, resolvió abandonar España. En pleno invierno, hizo el viaje a París, a donde llegó en febrero de 1528.

Estudios en París

Los dos primeros años los dedicó a perfeccionarse en el latín, por su cuenta. Durante el verano iba a Flandes y aun a Inglaterra a pedir limosna a los comerciantes españoles establecidos en esas regiones. Con esa ayuda y la de sus amigos de Barcelona, podía estudiar durante el año. Pasó tres años y medio en el Colegio de Santa Bárbara, dedicado a la filosofía. Ahí indujo a muchos de sus compañeros a consagrar los domingos y días de fiesta a la oración y a practicar con mayor fervor la vida cristiana, por medio de la prédica de los Ejercicios Espirituales que eran , en definitiva, el camino que él había recorrido en su propia conversión. Pero el maestro Peña juzgó que con esta práctica impedía a sus compañeros estudiar y predispuso contra Ignacio al doctor Guvea, rector del colegio, quien condenó a Ignacio a ser azotado para desprestigiarle entre sus compañeros. Ignacio no temía al sufrimiento ni a la humillación, pero, con la idea de que el ignominioso castigo podía apartar del camino del bien a aquéllos a quienes había ganado, fue a ver al rector y le expuso modestamente las razones de su conducta. Guvea no respondió, pero tomó a Ignacio por la mano, le condujo al salón en que se hallaban reunidos todos los alumnos y le pidió públicamente perdón por haber prestado oídos, con ligereza, a los falsos rumores. En 1534, a los cuarenta y tres años de edad, Ignacio obtuvo el título de maestro en artes de la Universidad de París.

El Señor le da compañeros

Las palabras fervorosas de Ignacio, llenas del Espíritu Santo, abrieron los corazones de algunos compañeros. Por aquella época, se unieron a Ignacio otros seis estudiantes de teología: Pedro Fabro, que era sacerdote de Saboya; Francisco Javier, un navarro; Laínez y Salmerón, que brillaban mucho en los estudios; Simón Rodríguez, originario de Portugal y Nicolás Bobadilla. Éstos movidos por las exhortaciones de Ignacio, aquellos fervorosos estudiantes hicieron voto de pobreza, de castidad y de ir a predicar el Evangelio en Palestina, o, si esto último resultaba imposible, de ofrecerse al Papa para que los emplease en el servicio de Dios como mejor lo juzgase. La ceremonia tuvo lugar en una capilla de Montmartre, donde todos recibieron la comunión de manos de Pedro Fabro, quien acababa de ordenarse sacerdote. Era el día de la Asunción de la Virgen de 1534. Ignacio mantuvo entre sus compañeros el fervor, mediante frecuentes conversaciones espirituales y la adopción de una sencilla regla de vida. Poco después, hubo de interrumpir sus estudios de teología, pues el médico le ordenó que fuese a tomar un poco los aires natales, ya que su salud dejaba mucho que desear. Ignacio partió de París, en la primavera de 1535. Su familia le recibió con gran gozo, pero el santo se negó a habitar en el castillo de Loyola y se hospedó en una pobre casa de Azpeitia.

Bendición del Papa; aparición del Señor

Dos años más tarde, se reunió con sus compañeros en Venecia. Pero la guerra entre venecianos y turcos les impidió embarcarse hacia Palestina. Los compañeros de Ignacio, que eran ya diez, se trasladaron a Roma; Paulo III los recibió muy bien y concedió a los que todavía no eran sacerdotes el privilegio de recibir las órdenes sagradas de manos de cualquier obispo. Después de la ordenación, se retiraron a una casa de las cercanías de Venecia a fin de prepararse para los ministerios apostólicos. Los nuevos sacerdotes celebraron la primera Misa entre septiembre y octubre, excepto Ignacio, quien la difirió más de un año con el objeto de prepararse mejor para ella. Como no había ninguna probabilidad de que pudiesen trasladarse a Tierra Santa, quedó decidido finalmente que Ignacio, Fabro y Laínez irían a Roma a ofrecer sus servicios al Papa. También resolvieron que, si alguien les preguntaba el nombre de su asociación, responderían que pertenecían a la Compañía de Jesús, porque estaban decididos a luchar contra el vicio y el error bajo el estandarte de Cristo. Durante el viaje a Roma, mientras oraba en la capilla de "La Storta", el Señor se apareció a Ignacio, rodeado por un halo de luz inefable, pero cargado con una pesada cruz. Cristo le dijo: "Ego vobis Romae propitius ero" (Os seré propicio en Roma). Paulo III nombró al padre Fabro profesor en la Universidad de la Sapienza y confió a Laínez el cargo de explicar la Sagrada Escritura. Por su parte, Ignacio se dedicó a predicar los Ejercicios y a catequizar al pueblo. El resto de sus compañeros trabajaba en forma semejante, a pesar de que ninguno de ellos dominaba todavía el italiano.

La Compañía de Jesús

Ignacio y sus compañeros decidieron formar una congregación religiosa, de acuerdo a lo que el mismo Dios les había mostrado, para continuar así su obra. A los votos de pobreza y castidad debía añadirse el de obediencia para imitar más de cerca al Hijo de Dios, que se hizo obediente hasta la muerte. Además, había que nombrar a un superior general a quien todos obedecerían, el cual ejercería el cargo de por vida y con autoridad absoluta, sujeto en todo a la Santa Sede. A los tres votos arriba mencionados, se agregaría el de ir a trabajar por el bien de las almas adondequiera que el Papa lo ordenase. La obligación de cantar en común el oficio divino no existiría en la nueva orden, "para que eso no distraiga de las obras de caridad a las que nos hemos consagrado". No por eso descuidaban la oración que debía tomar al menos una hora diaria.

La primera de las obras de caridad consistiría en "enseñar a los niños y a todos los hombres los mandamientos de Dios". La comisión de cardenales que el Papa nombró para estudiar el asunto se mostró adversa al principio, con la idea de que ya había en la Iglesia bastantes órdenes religiosas, pero un año más tarde, cambió de opinión, y Paulo III aprobó la Compañía de Jesús por una bula emitida el 27 de septiembre de 1540. Ignacio fue elegido primer general de la nueva orden y su confesor le impuso, por obediencia, que aceptase el cargo. Empezó a ejercerlo el día de Pascua de 1541 y, algunos días más tarde, todos los miembros hicieron los votos en la basílica de San Pablo Extramuros.

Ignacio pasó el resto de su vida en Roma, consagrado a la colosal tarea de dirigir la orden que había fundado, en la que pasó 15 años de su vida entre 2 habitaciones, llegando a escribir alrededor de 7000 cartas, lo que, a juzgar por su caracter fogoso, debió significar una gran cruz. Entre otras cosas, fundó una casa para alojar a los neófitos judíos durante el período de la catequesis y otra casa para mujeres arrepentidas. En cierta ocasión, alguien le hizo notar que la conversión de tales pecadoras rara vez es sincera, a lo que Ignacio respondió: **"Estaría yo dispuesto a sufrir cualquier cosa con tal de evitar un solo pecado"**. Rodríguez y Francisco Javier habían partido a Portugal en 1540. Con la ayuda del rey Juan III, Javier se trasladó a la India, donde empezó a ganar un nuevo mundo para Cristo. Los padres Goncalves y Juan Nuñez Barreto fueron enviados a Marruecos a instruir y asistir a los esclavos cristianos. Otros cuatro misioneros partieron al Congo; algunos más fueron a Etiopía y a las colonias portuguesas de América del Sur.

Un baluarte de verdad y orden ante el protestantismo

El Papa Paulo III nombró como teólogos suyos, en el Concilio de Trento, a los padres Laínez y Salmerón. Antes de su partida, San Ignacio les ordenó que visitasen a los enfermos y a los pobres y que, en las disputas se mostrasen modestos y humildes y se abstuviesen de desplegar presuntuosamente su ciencia y de discutir demasiado. Sin duda que entre los primeros discípulos de Ignacio el que llegó a ser más famoso en Europa, por su saber y virtud, fue San Pedro Canisio, a quien la Iglesia venera actualmente como Doctor. En 1550, San Francisco de Borja regaló una suma considerable para la construcción del Colegio Romano. San Ignacio hizo de aquel colegio el modelo de todos los otros de su orden y se preocupó por darle los mejores maestros y facilitar lo más posible el progreso de la ciencia. El santo dirigió también la fundación del Colegio Germánico de Roma, en el que se preparaban los sacerdotes que iban a trabajar en los países invadidos por el protestantismo. En vida del santo se fundaron universidades, seminarios y colegios en diversas naciones. Puede decirse que San Ignacio echó los fundamentos de la obra educativa que había de distinguir a la Compañía de Jesús y que tanto iba a desarrollarse con el tiempo.

En 1542, desembarcaron en Irlanda los dos primeros misioneros jesuitas, pero el intento fracasó. Ignacio ordenó que se hiciesen oraciones por la conversión de Inglaterra, y entre los mártires de Gran Bretaña se cuentan veintinueve jesuitas. La actividad de la Compañía de Jesús en Inglaterra es un buen ejemplo del importantísimo papel que desempeñó en la contrarreforma. Ese movimiento tenía el doble fin de dar nuevo vigor a la vida de la Iglesia y de oponerse al protestantismo. "La Compañía de Jesús era exactamente lo que se necesitaba en el siglo XVI para contrarrestar la Reforma. **La revolución y el desorden eran las características de la Reforma. La Compañía de Jesús tenía por características la obediencia y la más sólida cohesión.** Se puede afirmar, sin pecar contra la verdad histórica, que los jesuitas atacaron, rechazaron y derrotaron la revolución de Lutero y, con su predicación y dirección espiritual, reconquistaron a las almas, porque predicaban sólo a Cristo y a Cristo crucificado. Tal era el mensaje de la Compañía de Jesús, y con él, mereció y obtuvo la confianza y la obediencia de las almas" (cardenal Manning). A este propósito citaremos las instrucciones que San Ignacio dio a los padres que iban a fundar un colegio en Ingolstadt, acerca de sus relaciones con los protestantes: "Tened gran cuidado en predicar la verdad de tal modo que, si acaso hay entre los oyentes un hereje, le sirva de ejemplo de caridad y moderación cristianas. No uséis de palabras duras ni mostréis desprecio por sus errores". El santo escribió en el mismo tono a los padres Broet y Salmerón cuando se aprestaban a partir para Irlanda.

Una de las obras más famosas y fecundas de Ignacio fue el libro de los **Ejercicios Espirituales.** Es la obra maestra de la ciencia del discernimiento. Empezó a escribirlo en Manresa y lo publicó por primera vez en Roma, en 1548, con la aprobación del Papa. Los Ejercicios cuadran perfectamente con la tradición de santidad de la Iglesia. Desde los primeros tiempos, hubo cristianos que se retiraron del mundo para servir a Dios, y la práctica de la meditación es tan antigua como la Iglesia. Lo nuevo en el libro de San Ignacio es el orden y el sistema de las meditaciones. Si bien las principales reglas y consejos que da el santo se hallan diseminados en las obras de los Padres de la Iglesia, San Ignacio tuvo el mérito de ordenarlos metódicamente y de formularlos con perfecta claridad. Es por esto que fueron aprobados por Paulo III y luego recomendado más de 600 veces por el magisterio de la Iglesia.

La prudencia y caridad del gobierno de San Ignacio le ganó el corazón de sus súbditos. Era con ellos afectuoso como un padre, especialmente con los enfermos, a los que se encargaba de asistir personalmente procurándoles el mayor bienestar material y espiritual posible. Aunque San Ignacio era superior, sabía escuchar con mansedumbre a sus subordinados, sin perder por ello nada de su autoridad. En las cosas en que no veía claro se atenía humildemente al juicio de otros. Era gran enemigo del empleo de los superlativos y de las afirmaciones demasiado categóricas en la conversación. Sabía sobrellevar con alegría las críticas, pero también sabía reprender a sus súbditos cuando veía que lo necesitaban. En particular, reprendía a aquéllos a quienes el estudio volvía orgullosos o tibios en el servicio de Dios, pero fomentaba, por otra parte, el estudio y deseaba que los profesores, predicadores y misioneros, fuesen hombres de gran ciencia. La corona de las virtudes de San Ignacio era su gran amor a Dios. Con frecuencia repetía estas palabras, que son el lema de su orden: **"A la mayor gloria de Dios". A ese fin refería el santo todas sus acciones y toda la actividad de la Compañía de Jesús. También decía frecuentemente: "Señor, ¿qué puedo desear fuera de Ti?"** Quien ama verdaderamente no está nunca ocioso. San Ignacio ponía su felicidad en trabajar por Dios y sufrir por su causa. Tal vez se ha exagerado algunas veces el "espíritu militar" de Ignacio y de la Compañía de Jesús y se ha olvidado la simpatía y el don de amistad del santo por admirar su energía y espíritu de empresa.

Durante los quince años que duró el gobierno de San Ignacio, la orden aumentó de diez a mil miembros y se extendió en nueve países europeos, en la India y el Brasil. Como en esos quince años el santo había estado enfermo quince veces, nadie se alarmó cuando enfermó una vez más. Murió súbitamente el 31 de julio de 1556, sin haber tenido siquiera tiempo de recibir los últimos sacramentos.

San Ignacio de Loyola

Fue canonizado en 1622, y Pío XI le proclamó patrono de los ejercicios espirituales y retiros.

Oraciones

A. Oraciones de la mañana

Ofrecimiento del día a Dios

Por la señal de la Santa Cruz, de nuestros enemigos, líbranos Señor Dios Nuestro. En el nombre del Padre y del Hijo y del Espíritu Santo. Amén.

Señor y Dios mío, en quien creo, en quien espero y a quien adoro y amo con todo el corazón: te doy gracias porque me has creado, redimido, hecho cristiano y por haberme conservado la vida en esta noche.

Te ofrezco todos mis pensamientos, palabras, obras y trabajos del presente día, para mayor honra y gloria tuya, en penitencia de mis pecados, y en sufragio por las almas del purgatorio.

Dame, Señor, tu gracia para que pueda servirte fielmente en este día, y me vea libre, en todo momento, de todo pecado y de todo mal. Amén. Padre Nuestro. Ave María. Gloria.

Oración al ángel custodio

Ángel de Dios, que eres mi custodio, ya que la soberana piedad me ha encomendado a ti, ilumíname, guárdame, rígeme y gobiérname en este día. Amén.

Oración a la Virgen María

Oh Señora mía, Oh Madre mía, yo me ofrezco del todo a Tí, y en prueba de mi filial afecto te consagro en este día mis ojos, mis oídos, mi lengua, mi corazón, en una palabra todo mi ser. Ya que soy todo tuyo, Oh Madre de Bondad, guárdame y defiéndeme como cosa y posesión tuya. Amén.

B. Oraciones de la Noche

Dios y Señor mío, en quien creo y espero, a quien adoro y amo con todo mi corazón, te doy gracias por haberme creado, redimido, hecho cristiano y conservado en este día. Dame la gracia de conocer mis pecados y arrepentirme de ellos.

(Hacer un examen breve de conciencia, siguiendo, por ejemplo, estas indicaciones:)

1º. Da gracias a Dios por los beneficios recibidos (especialmente durante el día).

2°. Pide la gracia y la luz, para conocer tus faltas y pecados y rechazarlos.

3°. Examina las faltas o pecados cometidos durante el día, particularmente tu defecto dominante.

4°. Pide perdón a Dios por todos esos pecados y faltas.

5°. Propone, con la gracia de Dios, no volverlos a cometer mañana.

PASOS A SEGUIR EN CADA EJERCICIO.

(Esta es una guía referencial sugerida para realizar las meditaciones y contemplaciones suponiendo la adptación de acuerdo a las conveniencias de cada ejercitante)

A. Actos preparatorios

1. Oración preparatoria: (cf.: [46]) pedir gracia a Dios Nuestro Señor para que todas mis intenciones, acciones y operaciones se ordenen puramente al servicio y alabanza de su divina majestad.

2. Primer preámbulo: (Ej.: [102, 111, 137, 150, 191, 201 y 219]) proponerse la historia de lo que se medita o contempla.

3. Segundo preámbulo: hacer composición de lugar

4. Petición: pedir a Dios lo que quiero y deseo alcanzar por la presente meditación o contemplación.

B. Cuerpo de la meditación o contemplación

Tema a tratar: Se puede dividir en puntos. Se deben aplicar ejercitando las tres potencias: memoria, inteligencia y voluntad. Si es una contemplación habrá que usar más de la imaginación.

C. Actos conclusivos

Coloquios: (cf.: [54]) Es el momento más importante. Se trata de la oración afectiva con la Santísima Virgen y/o con Nuestro Señor Jesucristo y/o con el Padre Celestial, hablando como un amigo habla con otro, como un siervo con su señor, ya sea pidiendo una gracia, o culpándose por haber hecho algún mal, o comunicando cosas y pidiendo consejo en ellas. Toda la presente meditación o contemplación se ordena a éste momento.

D. Examen de la meditación o contemplación

(cf.: [77]) ¿Cómo he procedido en la presente meditación o contemplación?: si mal, miraré la causa del mal proceder, y descubriéndola me arrepentiré para enmendarme en adelante; si bien, daré gracias a Dios Nuestro Señor y procederé de la misma manera en adelante.

Examen de conciencia Particular

Durante estos días el examen de conciencia se debe hacer sobre la fidelidad a los Ejercicios: las indicaciones que se dan, las "adiciones" que pone San Ignacio, es decir, sus consejos para hacer mejor los Ejercicios, y sobre todo las inspiraciones del Espíritu Santo. Fuera de ejercicios, el examen particular se hará sobre el defecto dominante o, mejor aún, sobre la virtud que más necesitamos.

Las siguientes preguntas te pueden ayudar para hacer el examen de conciencia sobre los Ejercicios:

¿He mantenido viva la sed de Dios, el deseo de aprovechar en todo?

¿Estoy excesivamente apegado a algo?

Ese apego ¿me impide hacer bien los Ejercicios y buscar la voluntad de Dios?

¿Voy siendo generoso a lo que Dios me muestra y me pide?

¿Soy dócil a la gracia de Dios?

¿Voy haciendo propósitos concretos?

¿Tomo nota de ellos, como también de las inspiraciones?

¿Estoy satisfecho con lo que he hecho hoy?

¿He tomado las notas necesarias en la exposición de los temas?

¿Puse empeño en las meditaciones? ¿En la presencia de Dios, en la composición de lugar, la petición, los puntos, el coloquio...?

¿He hecho todo con espíritu de humildad, confianza y reverencia?

¿Busqué el lugar más adecuado? ¿Vencí las dificultades?

¿Conseguí el fruto de cada meditación?

¿Mantuve el silencio interior y exterior?

¿Uso bien de los tiempos libres?

¿Consulto con el director con sinceridad, sin vergüenza?

¿Cuidé no distraer a los demás? ¿Reaccioné pronto ante las tentaciones? ¿Vencí el desánimo, la aridez o la desolación.

Examen de conciencia General

1er. mandamiento: amarás a Dios sobre todas las cosas.

¿He dudado de Dios? ¿He negado a Dios?

¿He dudado de las verdades reveladas?

¿He leído libros antirreligiosos?

¿Me he avergonzado de mi religión ante los que se burlan de ella?

¿Me he dejado llevar de las ideas y consejos de las personas inmorales o que no tienen religión? ¿He rezado siempre?

2do. mandamiento: no tomarás el nombre de Dios en vano.

¿He dicho palabras ofensivas contra Dios, la Virgen o los Santos?

¿He jurado en falso en nombre de Dios?

¿Me he quejado de Dios en las adversidades?

3er. mandamiento: santificarás las fiestas.

¿He faltado a Misa los domingos por pereza?

¿He participado de la Misa con frialdad o indiferencia?

¿He santificado el "día del Señor" con el descanso, la oración y las buenas obras?

4to. mandamiento: honrarás a tu padre y a tu madre.

¿He faltado a la obediencia a mis padres, superiores o maestros?

¿Les he faltado gravemente el respeto, o les he causado disgustos graves?

5to. mandamiento: No matar

¿He causado mal a otros?

¿He atentado contra mi vida, consumiendo alcohol en exceso, droga, etc.?

¿He conservado odio, rencor o antipatía hacia otro?

6to y 9no mandamiento: No cometer actos impuros. No desear la mujer del prójimo

¿He pensado en cosas impuras?

¿Me he dejado llevar de los malos deseos?

¿He mirado a otras personas con malos deseos?

¿He hablado de cosas impuras?

¿Me he complacido en ver cosas impuras?

¿He cometido acciones impuras yo solo?

¿He cometido acciones impuras con otras personas?

7mo. y 10mo. mandamiento: No robar. No codiciar los bienes ajenos

¿He deseado con envidia los bienes ajenos?

¿Me he apropiado de cosas ajenas?

¿He perjudicado los intereses de otros?

¿He dejado de pagar mis deudas?

8vo. mandamiento: No levantar falsos testimonios ni mentir

¿He mentido? ¿He acusado falsamente a otro?

¿He hablado mal de otro?

Sobre los pecados capitales

¿Soy orgulloso? ¿Me domina el amor propio?

¿He comido con gula? ¿Me domina la sensualidad?

¿Me dejo llevar de los enojos?

Reforma de Vida[515]

A. ¿Qué es reformar?

Muchas veces en la vida, el alma que aspira a la perfección tendrá que rever su camino espiritual y replantear algunos de sus puntos claves. Esto suele hacerse con oportunidad de los Ejercicios Espirituales o en Retiros. De hecho, San Ignacio afirma que los Ejercicios Espirituales

---

515- P. Dr. Miguel Ángel Fuentes, La ciencia de Dios, pp. 149-152.

por él elaborados se ordenan a vencerse y ordenar la vida sin dejarse determinar o condicionar por ningún apego .

Reformar quiere decir "volver a formar"; volver a "dar forma"; como quien trabaja una imagen en arcilla y ve que no le salió lo que él quería, la vuelve a amasar y comienza a darle forma otra vez. Para poder reformar adecuadamente la vida es necesario tener una recta intención de ánimo, es decir, procurar que el móvil de la misma no sea otro que el fin último de la vida de todo hombre: dar gloria a Dios y salvar el alma.

En base a todo esto deberá reformar su vida.

El principio que debe regir la reforma de vida es el principio de abnegación: "piense cada uno que tanto aprovechará en todas cosas espirituales, cuanto saliere de su propio amor e interes" [189]. Y el Kempis dice: "tanto aprovecharás cuanto sea la fuerza que te hagas" (I,25).

Para la reforma de vida también hay que guiarse por las reglas de elección: "para llegar a este fin mucho debe de considerar y rumiar por los ejercicios y modos de elegir...". (Casanovas)

El ambiente debe ser siempre el de las Dos banderas, Tres binarios y Tres maneras de humildad.

B. ¿Qué cosas supone?

Se supone tener identificadas varias cosas:

Ante todo, la voluntad de Dios sobre él en la vida pasada (¿qué me ha pedido Dios en el pasado o qué ha querido de mí anteriormente?); esto puede haberlo visto a través de inspiraciones del Espíritu Santo, iluminaciones, circunstancias singulares que han rodeado su vida o simplemente la voluntad de sus superiores.

En segundo lugar, ve lo que Dios le pide ahora con toda claridad.

Tercero, tiene también identificados los puntos sobre los cuales no discierne con claridad la voluntad divina actual; sobre esto tendrá que aplicar las reglas de discernimiento y elección.

Finalmente, también sabe cuáles son los obstáculos concretos que le impiden el seguimiento radical y total de Jesucristo.

C. La revisión de vida

Revisar la vida significa examinar las distintas dimensiones de la propia vida para ir descubriendo las cosas que hay que cambiar, purificar, quitar, empezar, modificar, rectificar o intensificar.

Es imposible que quien no se conozca pueda alcanzar la perfección, ya sea porque se forjará ilusiones acerca de su estado (cayendo o en un optimismo presuntuoso o en un desaliento deprimente). El conocimiento claro y ponderado de sí mismo estimula a la perfección y ayuda a trabajar sobre terreno seguro. Este conocimiento debe ser completo, abarcando tanto nuestras cualidades y defectos naturales, cuanto los dones sobrenaturales y los defectos en el plano espiritual.

En cada una de esas dimensiones hay que prestar atención a dos cosas:

- Las cosas de las que hay que apartarse: porque están mal hechas, o porque no dan gloria a Dios, o porque comportan apegos desordenados al mundo, o porque son fuente de pasiones no dominadas, o porque son ocasión de pecado, etc.

- Las cosas que hay que encarar para mejorar nuestras actitudes: porque vemos que Dios lo quiere así, o porque damos con ello mayor gloria a Dios, o porque condice con nuestros deberes de estado, o porque nos acerca más a Dios, o porque aprovecha más a nuestros prójimos, etc.

- Las cosas que seguir haciendo tal cual, o mejorándolas.

D. El plan de vida

El plan de vida, como su nombre lo indica, designa el proyecto de las principales actividades y objetivos que un sujeto intenta llevar a cabo en un plazo determinado de tiempo (el resto del año, o el bienio, o el quinquenio, etc.). En el plano espiritual es un programa de perfección.

El tener un plan de vida es conveniente porque la santidad no se improvisa: quien quiere lograr algo en la vida, ya sea en el orden humano o en el sobrenatural, debe sentarse y prever, pensar y planear.

Sin plan de vida se malgasta sin remedio mucho tiempo:

- Surgen dudas sobre lo que debemos hacer; gastamos tiempo en deliberaciones superfluas; a pesar de mucho deliberar solemos quedar con dudas.

- Descuidamos algunas de nuestras obligaciones por falta de previsión y de organización, por proponer fines sin determinar los medios o por echar mano en el momento a medios ineficaces o menos eficaces, etc.

- Y por este descuido, finalmente, nos exponemos a la inconstancia y al abandono de las obras emprendidas.

Por el contrario, el plan de vida nos da:

- Orden, nos ayuda a ganar tiempo.

- Nos hace sobrenaturalizar las obras (porque las hacemos por obediencia al plan, es decir, a las decisiones tomadas en conciencia delante de Dios; siempre y cuando el plan esté hecho como Dios manda).

- Tiene también un gran valor educativo en cuanto templa nuestra voluntad (la hace más austera, libre de caprichos, la somete a un orden y le hace adquirir constancia).

1) Características

Para que sea real todo plan de vida tiene que tener ciertas cualidades:

- Debe estar acomodado a los deberes de estado, a las ocupaciones habituales, a las disposiciones de espíritu, de carácter y temperamento de cada uno, a sus fuerzas y a su estado actual de perfección.

- Debe ser flexible y rígido a la vez.

Flexible para no esclavizar el alma al plan, cuando la caridad hacia el prójimo, o alguna circunstancia grave imprevista, o la obediencia a los superiores haga irrealizable algún proyecto.

Con cierta rigidez, para que el sujeto no lo modifique según sus caprichos. Debe contener lo necesario para determinar, el tiempo y la manera de hacer las diversas actividades, deberes de estado, ejercicios de piedad y la adquisición de las virtudes más necesarias.

- Debe estar hecho de acuerdo con el director espiritual. Lo exige la prudencia que nos enseña que uno no es buen juez en su propia causa ni diestro guía de sí mismo; también la obediencia, por la cual, el plan de vida revisado y autorizado por el director extiende la acción de éste al resto de nuestra vida.

2) Materia de la reforma

a. La dimensión humana

Es el campo de la personalidad humana, del equilibrio de las virtudes y pasiones. Concretamente ha de tenerse en cuenta aquí:

- Ante todo, nuestro defecto dominante.

- Las virtudes que urge adquirir.

- Los defectos que hay que combatir.

Pero también cada uno tiene que ver en concreto sus defectos, las virtudes que comprende que le faltan: a lo largo de los EE han visto mucho de esto. Por eso tanto insiste san Ignacio en el "mucho examinarse". Ya desde los primeros días, cuando hablábamos del ordenar la vida atendíamos a esta reforma. La oración y el trato con Dios es lo que más ilumina...

Ahora es el momento de llevar a la práctica lo dicho. Hay que hacer un recuento de defectos y virtudes; lo que el Señor les ha hecho ver en estos días... y ver los medios que van a poner para progresar en la santidad, teniendo siempre la vista puesta en el fin. Luego, con ayuda de las reglas de elección determinar si hay que poner ciertos medios y en qué medida; por ejemplo: . "Debo hacer penitencia ¿cuál?... ¿en qué medida? ¿en qué tiempos? Y determinarlo concretamente según las reglas, escribirlo en el plan y aplicarlo en el momento preciso (como ser en cuaresma), para lograr hacerme el hábito de la penitencia

Un hábito se logra con la repetición de actos. Un vicio se quita dejando de hacer el acto. El propósito entonces me tiene que llevar o a poner el acto cuyo hábito quiero lograr o a evitar el acto del vicio que quiero erradicar.

Hay que estudiar de dónde proceden nuestras faltas para "secar la fuente".

• Pasiones no bien dominadas:
   - ira: dureza de trato, sequedad, etc, que son fuente de falta de caridad fraterna;
   - amor: afectos a personas, a cosas, ocupaciones;
   - odio: aversiones al prójimo, antipatías, que llevan a esquivar el trato, muy malo si apartan del superior.
   Malos hábitos: repetición de faltas que se hacen segunda naturaleza:
   - pereza: especialmente en la oración y ejercicios espirituales; no esforzarnos en combatir; tampoco nos dedicamos al estudio o deberes de estado;

- charlatanería: fuente de pérdida de tiempo y quebranto de la caridad;
- libertad en los sentidos: materia de tentaciones;
- impuntualidad: al levantarse por pereza; pero la hay de los que se consagran con demasiado ardor a sus trabajos...

Perversas inclinaciones al honor y propia estima: pensamos en nosotros, en nuestro bien, en que nos alaben; soñamos cómo podemos ser. Amor a la propia voluntad, el propio juicio. Amor a la comodidad, a buscar siempre lo menos costoso...

También se trata de "hacer el bien" ¿qué me impide ser abnegado? ¿qué me pide Dios: reparación..., desprenderme de algo..., vencerme en algo..., ofrecerme...? ¿qué virtudes flaquean? ¿a qué virtud me siento llamado?

Prioridades: 1º lo de la regla... 2º las relaciones con el prójimo... 3º las cosas que hacen a la pureza del corazón

- El orden interior y exterior del alma y su relación con las diversas cosas materiales y espirituales que habitualmente nos rodean.
- Examinar los afectos: la capacidad para la amistad, las pasiones, los posibles apegos a cosas, personas, lugares, etc.

b. La dimensión espiritual

Designa el plano más importante y donde se encuentran los elementos que nos santifican y relacionan directamente con Dios:

- La oración.
- El modo de vivir y aprovechar la Santa Misa.
- Las confesiones: frecuencia, modo de aprovecharlas.
- Las penitencias y mortificaciones, el comportamiento en las contrariedades de la vida.
- La dirección espiritual (su frecuencia, sinceridad, aprovechamiento).
- El examen de conciencia diario.
- La lectura espiritual (especialmente la Sagrada Escritura).
- Los ejercicios espirituales anuales.
- Visitas al Santísimo.
- El retiro espiritual.

c. La dimensión comunitaria

En el caso del religioso tiene que examinar puntualmente su vida comunitaria. Por ejemplo:

- La participación en la comunidad, en las recreaciones.
- El aporte de los propios talentos para aprovechamiento del prójimo.
- La caridad fraterna.
- La obediencia a los superiores.
- La transparencia para con los superiores.
- La confianza a los superiores.
- La generosidad; la capacidad de ofrecimiento e inmolación.
- La pobreza, la castidad, el cumplimiento de los deberes de estado.

En los laicos esta dimensión se desarrolla fundamentalmente en su vida familiar:

- La relación con padres y hermanos, o con su cónyuge e hijos: las virtudes de la obediencia, respeto, piedad filial, etc.
- La caridad familiar.
- La solidaridad y la preocupación por los demás, etc.
- La responsabilidad en el trabajo y en la profesión.

d. La dimensión intelectual

- El aprovechamiento del estudio.
- El cumplimiento del horario de estudio.
- La participación personal en cursos, conferencias, momentos especiales de formación.
- La formación cultural: si se interesa por la lectura espiritual, por la literatura formativa, si se deja llevar por la curiosidad, o las modas literarias, la superficialidad, etc.

e. La dimensión apostólica y pastoral

- La oración y mortificación por el apostolado.
- La preparación del apostolado.
- El desarrollo del apostolado.
- El celo apostólico.

La reforma debe ser real. Breve.

3) Rendición de cuentas

Prever con qué frecuencia examinará el andar de los propósitos y proyectos. Conviene que esto se haga una vez por mes, en los retiros mensuales. Examinar lo hecho, tomar nuevas determinaciones si fuere necesario, imponerse algún castigo, si la negligencia o pereza o desorden interior lo conduce a la inconstancia, y examinar las etapas siguientes.

Índice

Ejercicios Espirituales

Voz Católica
Ediciones

Made in the USA
Coppell, TX
08 September 2023

21348395R00073